LET'S COOK SPANISH

SPANISH

~A FAMILY COOKBOOK~

VAMOS A COCINAR ESPAÑOL

~RECETAS PARA TODA LA FAMILIA~

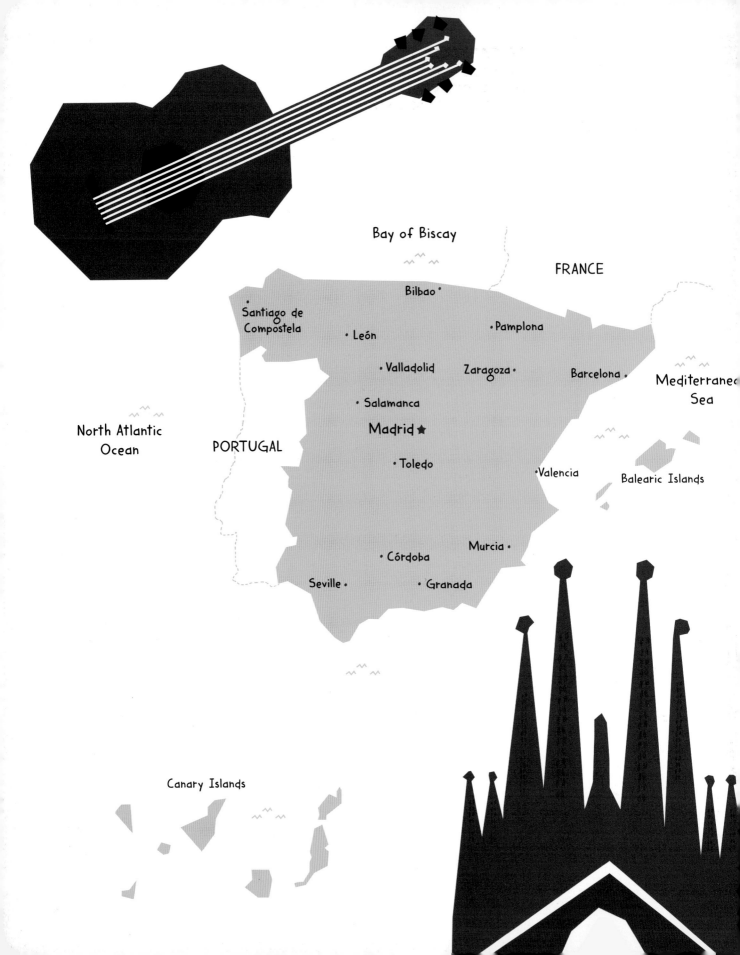

Bay of Biscay

FRANCE

Bilbao•

•Santiago de
Compostela

•Pamplona

• León

•Valladolid   Zaragoza•

Barcelona•

Mediterranean
Sea

• Salamanca

Madrid ★

•Toledo

•Valencia

Balearic Islands

North Atlantic
Ocean

PORTUGAL

Murcia•

• Córdoba

Seville•

•Granada

Canary Islands

LET'S COOK SPANISH

~A FAMILY COOKBOOK~

VAMOS A COCINAR ESPAÑOL
~RECETAS PARA TODA LA FAMILIA~

GABRIELA LLAMAS

Quarto is the authority on a wide range of topics.

Quarto educates, entertains and enriches the lives of
our readers—enthusiasts and lovers of hands-on living.

www.QuartoKnows.com

© 2016 Quarto Publishing Group USA Inc.

First published in the United States of America in 2016 by
Quarry Books, an imprint of
Quarto Publishing Group USA Inc.
100 Cummings Center
Suite 406-L
Beverly, Massachusetts 01915-6101
Telephone: (978) 282-9590
Fax: (978) 283-2742
QuartoKnows.com
Visit our blogs at QuartoKnows.com

10 9 8 7 6 5 4 3 2

ISBN: 978-1-63159-099-3

Digital edition published in 2016
eISBN: 978-1-62788-844-8

Library of Congress Cataloging-in-Publication Data available

Design: Laia Albaladejo
Illustrations: Laia Albaladejo
Editorial assistance: Susana Lopez Ruesga

Printed in China

Dedication

Dedicatoria

Thank you to my amazing children: Enrique, Primi, and Sofía. I am very proud of their intelligence and of their great heart.

Gracias a mis increíbles niños Enrique, Primi y Sofía, estoy muy orgullosa de su inteligencia y de su gran corazón.

Contents

Introduction for Children   8

Introduction for Parents   10

Tapas and Pinchos   12

Bread with Olive Oil, Tomato, and Iberian Ham   14

Basic Potato Omelet   16

Mushrooms with Garlic Parsley Sauce in the Style of La Rioja   18

Pickled Tuna Fish   20

Stuffed Eggs   22

Monkfish and Shrimp Salad   24

Grilled Green Asparagus with Orange Mayonnaise   26

Salad My Way   28

Roasted Vegetables on Toast   30

Barbecued Shrimp in Garlic Sauce   32

Vegetable Cocas   34

Meat and Fish   36

Valencian Paella   38

Shrimp Fideuá or Pasta Paella   40

Homemade Meatballs   42

Stewed Round of Veal   44

Iberian Pork Fillet   46

Chicken with Olives and Capers   48

Chicken in Pepitoria   50

Hake in a Green Sauce   52

Vegetables and Salads   54

Stewed Lentils   56

Potatoes Rioja Style   58

Vegetable Stew   60

Country Potato Salad   62

Cold Vegetable Soup   64

Vegetable Medley   66

Cheese-Stuffed Piquillo Peppers   68

May Your Life be Sweet   70

Santiago Almond Cake   72

Chocolate and Churros (Fritters)   74

Baked Apples with Custard   76

Meringue Milk Ice Cream   78

Orange Confit   80

Torrijas   82

Menus   84

Index   86

Acknowledgments   92

About the Author   94

Contenido

Introducción para los niños — 9

Introducción para los padres — 11

Tapas y pinchos — 13

Pan con aceite de oliva, tomate y jamón ibérico — 15

Tortilla de patatas — 17

Champiñones con salsa de ajo y perejil al estilo de la Rioja — 19

Bonito en escabeche — 21

Huevos rellenos — 23

Salpicón de rape y gambas — 25

Espárragos verdes a la plancha con mayonesa de naranja — 27

Ensaladilla a mi manera — 29

Tosta de verduras asadas — 31

Gambas al ajillo para tu barbacoa — 33

Cocas de verduras — 35

Carne y pescado — 37

Paella valenciana — 39

Fideuá de gambas — 41

Albóndigas caseras — 43

Redondo de ternera estofado — 45

Solomillos de cerdo ibérico — 47

Pollo con aceitunas y alcaparras — 49

Pollo en pepitoria — 51

Merluza en salsa verde — 53

Verduras y ensaladas — 55

Lentejas estofadas — 57

Patatas a la riojana — 59

Alboronía — 61

Ensalada campera — 63

Gazpacho — 65

Menestra — 67

Pimientos del piquillo rellenos de queso — 69

Dulce lo vivas — 71

Tarta de Santiago — 73

Chocolate con churros — 75

Manzanas asadas con natillas — 77

Helado de leche merengada — 79

Naranjas confitadas — 81

Torrijas — 83

Menús — 85

Índice — 87

Agradecimientos — 93

Sobre el Autor — 95

Introduction for Children

Dear Children,

Food is sacred. This is why we so enjoy preparing it and sharing it. Without it we could not live.

It is a magic ceremony by which the four elements water, earth, fire, and air are transformed into health, strength, love, and light.

In Spanish *hogar* means not only a family house but also the hearth, where the fire is. It defines the physical and spiritual center of a house: the heart of life. Since we were little we were in the kitchen with our family helping, learning, communicating and sharing experiences around a table.

Spain is a small country in southern Europe, but rich in culinary experiences with incredibly generous and hospitable people. This is why since the distant past we have developed ingenious ways to share food. *Tapas* (small bites), *pinchos* (skewered bites) and *raciones* (a bigger portion to be shared between a few) are our way of eating as they encourage human relations and friendship.

Among the habits my parents taught me when I was young two stand out: First is to bless the food and the people and give thanks. The second is to wash your hands before eating and arrive at the table clean and tidy. It is a sign of respect and love for ourselves and for others.

So, now go wash your hands!

fish – pescado

Introducción para los niños

Queridos niños,

La comida es sagrada: sin ella no podríamos vivir y por eso disfrutamos tanto preparándola y compartiéndola.

Es una ceremonia mágica: los 4 elementos, agua, tierra, fuego y aire, se transforman en salud, fuerza, amor y luz.

En español, 'hogar' significa tanto casa como chimenea, el lugar del fuego. Define el centro físico espiritual de una casa, el corazón de la vida. Ya desde niños pesqueños estamos en la cocina con nuestra familia, ayudando, aprendiendo, comunicándonos y compartiendo experiencias en torno a una mesa.

España es un pequeño país al sur de Europa, con una rica tradición culinaria, y con gente increíblemente hospitalaria y generosa. Por ello, desde tiempos inmemoriales, hemos desarrollado unas formas muy ingeniosas de compartir el alimento. Las 'tapas', los 'pinchos' y las 'raciones' es son nuestra forma de comer pues propician el contacto humano y la amistad.

Entre las costumbres que mis padres me inculcaron desde pequeña dos sobresalen: la primera, bendecir la mesa y las personas y dar gracias; la segunda, lavarse las manos antes de comer y llegar a la mesa limpia y aseada. Es una señal de respeto y cariño hacia nosotros mismos y hacia los demás.

Y ahora, ¡id a lavaros las manos!

Introduction for Parents

Dear Parents,

In Spain we love to share our food and its preparation with family and friends in a fun and festive atmosphere. Looking at the history of Spain, we see a country that is a crossroads for people from different parts of the world. Spanish food integrates the cooking of Phoenicians, Greeks, Romans, Visigoths, Arabs, French, and English, as well as foods and spices from the Americas.

Cooking with children is a communication based in trust, love, and respect. The secret ingredient of love shows they are most valuable to us. Cooking with a parent or a sibling embeds memories that will last a lifetime.

Food and cooking supports communication at different levels with creativity, independence, responsibility, order, motivation, concentration, patience, and courage. It also encourages manual skills and teaches biology, language, math, mythology, history, art, and geography—as well as a sense of beauty, harmony, and order. It shows us how to love not only by being present but also by letting the children play a part—something which sometimes seems impossible!

This exposure enriches our food culture. Many of the recipes you will find in this book are a tale, a myth, a discovery, and an adventure. They are a return to our fascinating origins which today we can still enjoy with our senses and which we want to share with you.

Introducción para los padres

Queridos padres,

En España nos encanta compartir nuestra comida y su preparación con familia y amigos, de forma lúdica y festiva pues somos un país que valora mucho la hospitalidad y el contacto humano. Si nos fijamos en la historia de España, vemos un país que es cruce de distintas partes del mundo y por eso su cocina integra la cocina de fenicios, griegos, romanos, visigodos, árabes, franceses e ingleses así como alimentos y especias procedentes de América.

Cocinar con niños es una comunicación auténtica, basada en la confianza, el cariño y el respeto. Con el amor como ingrediente secreto les demostramos a nuestros hijos que son lo más valioso que tenemos. Para ellos, cocinar con un padre o un hermano mayor quedará grabado en su memoria para toda la vida.

Comida y cocina propician una buena comunicación a distintos niveles, con creatividad, independencia, seguridad en uno mismo, responsabilidad, motivación, concentración, paciencia, vigor y valentía. También estimula su destreza manual y les enseña de biología, lengua, matemáticas, física, química, mitología, historia, arte, geografía y el sentido de la belleza, la armonía y el orden. Nos muestra que para querer no solo hay que estar presente sino también interactuar con los niños ¡algo que a veces parece imposible!

Hemos estado expuestos a diversas influencias que han enriquecido nuestra cultura. Por ello muchas de estas recetas que aquí encontrareis son un cuento, un mito, un viaje, un descubrimiento, una aventura. Una vuelta a unos orígenes fascinantes que hoy seguimos disfrutando con los sentidos, y que queremos compartir con vosotros.

shrimps – gambas

Tapas and Pinchos

Tapas and pinchos are small bites of fresh, delicious food to be eaten with drinks—anything from a few olives or almonds to a small serving of a more elaborate dish. Nobody knows their origin. Maybe they came from a decree of King Alfonso the Wise who ordered that no wine would be served at the inns in Castille unless accompanied by something to eat. It is also attributed to the taverns in Andalucía: A piece of bread or ham a *tapa* (lid) prevented flies and insects from falling in the wine. It is a casual, relaxed, and happy style of eating in company. It means sociability, fun, friendship, and generosity. It is a way of living—and such an important part of our culture that we even have a verb for it: "tapear" (to eat tapas). With simple, healthy ingredients we have developed incredibly creative ways to turn our food into something extremely attractive.

mussels – mejillones

Tapas y pinchos

Las tapas y los pinchos son pequeños bocados de deliciosa comida recién hecha para tomar con las copas. Pueden ser desde unas aceitunas o almendras hasta pequeñas porciones de platos más elaborados. Nadie conoce realmente su origen. Algunos lo atribuyen a un decreto del rey Alfonso X el Sabio que ordenó no servir vino en las tabernas de Castilla sin dar algo de comer. Otros lo atribuyen a las tabernas andaluzas de principios del siglo XIX, donde un trozo de pan o jamón, 'una tapa' impedía la caída de insectos en el vino.

Es una forma alegre, relajada e informal de comer en compañía. Refleja sociabilidad, diversión, amistad y generosidad. Es una forma de vida y una parte tan importante de nuestra cultura que hasta tenemos un verbo para ello, "tapear." Con ingredientes sanos y sencillos hemos desarrollado maneras muy creativas de hacer nuestro alimento muy atractivo.

Bread with Olive Oil, Tomato, and Iberian Ham

1 ripe tomato

4 slices good-quality bread

2 tablespoons (30 ml) extra-virgin olive oil

4 slices Ibérico or Serrano ham

1 garlic clove (with skin on) cut in half (optional)

Serves 4

Iberian pigs, called "olives with legs," are our unique and special ingredient because they have a high nutritional value and live in a specific ecosystem, the Dehesa, found only in a small part of Spain in the areas around Salamanca, Extremadura, Andalucía, and on the border with Portugal. Prairies with holm oaks supply these free-range animals with grass and acorns, which are rich in oleic acid, the same component found in olive oil. This dish is best made with freshly baked bread.

ham – jamón
tomato – tomate

Cut the tomato in half across the width, not from the stem, and grate with a coarse vegetable grater. Be careful with your fingers! Discard the leftover tomato skin.

Drizzle the bread with olive oil, spread with grated tomato (not too much), and put a slice of ham on top. If you choose to add garlic, do so by rubbing it on the bread before adding olive oil or tomato.

You may lightly toast the bread, but do not let it become hard. We often have bread, tomato, and olive oil for breakfast. A little Iberian ham adds high-quality protein.

Note: Bread, olive oil, and tomato go with everything including fish, meats, vegetables, and cheese. Make a sauce by mixing tomato, olive oil, salt, and mashed garlic. Place the bread and some spoons around for everyone to help themselves. Be sure to make plenty!

oil – aceite

Pan con aceite de oliva, tomate y jamón ibérico

- 1 tomate maduro rallado
- 4 rebanadas de pan de buena calidad
- 2 cucharadas (30 ml) de aceite de oliva virgen extra
- 4 lonchas de jamón ibérico o jamón serrano
- 1 diente de ajo sin pelar, cortado por la mitad (facultativo)

Para 4 personas

El cerdo ibérico, llamado 'aceituna con patas' es nuestro ingrediente más particular y singular, por su alto valor nutricional, y porque vive. En un ecosistema especifico, la dehesa, que se encuentra en pequeñas áreas de la frontera con Portugal de Salamanca, Extremadura y Andalucía. Son praderas con encinas y alcornoques, alimentan a estos animales con hierba y bellotas, ricas en ácido oleico, el mismo componente que encontramos en el aceite de oliva. Lareceta prepara mejor con pan recién horneado.

Corta el tomate por la mitad a lo ancho y rállalo con un rallador grueso. ¡Ten cuidado con los dedos! Desecha la piel.

Riega el pan con un poco de aceite de oliva, añade el tomate rallado, no demasiado y bien repartido. Pon encima el jamón. Puedes untar el ajo en el pan antes de echar el aceite y el tomate si lo deseas.

Puedes tostar el pan ligeramente, pero no dejes que se endurezca pues no es agradable al comer. Nosotros solemos tomar pan con aceite y tomate de desayuno. Un poco de jamón ibérico le aporta un extra de proteínas.

Nota: El pan con aceite de oliva y tomate va bien con todo, pescado, carne, verdura y queso. También puedes hacer una salsa meclando mezclar tomate, aceite, ajo machacado y sal y ponerlo en el centro con pan alrededor para que cada uno se sirva. ¡Asegúrate de hacer una buena cantidad!

Basic Potato Omelet

1 cup (240 ml) extra-virgin olive oil

1 pound (500 g) Ratte, Yukon Gold, or other good-quality potato

1 medium (140 g) onion, peeled and sliced

4 large, organic eggs

½ teaspoon salt

8-inch (20 cm) omelet pan (with flat handle)

A plate larger than the pan

Serves 4

In Spain, the potato omelet is the typical mid-morning tapa. When I was a kid, we used to have it for dinner accompanied by a tomato and tuna salad. You can personalize this dish by adding fried chorizo or other type of sausage or by adding other vegetables. The recipe requires your parents' help because it involves very hot oil.

Put olive oil in the pan. Add the onion. Peel potatoes and slice thinly using a knife or mandoline. Place the potatoes in the pan. Add half the salt and place the pan over high heat.

When the oil starts bubbling around the edges of the pan, lower the heat to medium-low, cover, and let potatoes cook for approximately 15 to 20 minutes. Stir occasionally so that they cook evenly. They should be soft but not browned. They should not lose their shape. Drain in a colander, and reserve the olive oil.

Crack the eggs in a bowl, add the remaining salt, and beat thoroughly. Add the potatoes and mix gently. Put the pan over heat with 1½ tablespoons (23 ml) of olive oil and, when very hot, add the egg-potato mixture. It is very important that the pan be sizzling hot. Cook for 2 minutes over high heat and turn the omelet over.

To turn the omelet over: Use a kitchen glove so you do not burn your hand. Place the plate firmly over the pan and your gloved hand over the plate. Take the handle of the pan with the other hand. With a quick movement, flip the contents of the pan onto the plate. Return the pan to the heat, add one tablespoon (15 ml) of olive oil, and slide the uncooked side of the omelet back into the pan. Cook for another 2 minutes, shaking the pan to prevent sticking. Lower the heat and cook for another 1 or 2 minutes to the consistency you prefer. We like our omelets a little runny.

potatoes – patatas
eggs – huevos

Stuffed potato omelet:

If for any reason the omelet is too dry, you can stuff your omelet as they do in the North of Spain or add a sauce to it to give it juiciness.

Split the omelet in half. Spread each half with mayonnaise, and then add lettuce and tomato. Then place the omelet together. Slice into 8 portions or triangles and place each over a piece of toast and garnish with an olive, a cherry tomato, or more mayonnaise to taste.

Tortilla de patatas

1 taza (240 ml) de aceite de oliva virgen extra

1 libra (500 gr) Ratte, Yukon Dorada, o la más deliciosa patata que tengas a mano

(140 gr) de cebolla pelada y troceada

4 huevos grandes ecológicos

½ cucharadita de té de sal

1 sartén de 20 cm de diámetro y muy importante: que tenga un mango plano y no inclinado

Una tapa o un plato de un diámetro

Para 4 personas

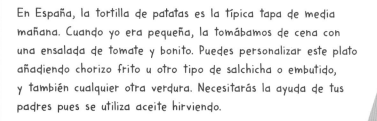

En España, la tortilla de patatas es la típica tapa de media mañana. Cuando yo era pequeña, la tomábamos de cena con una ensalada de tomate y bonito. Puedes personalizar este plato añadiendo chorizo frito u otro tipo de salchicha o embutido, y también cualquier otra verdura. Necesitarás la ayuda de tus padres pues se utiliza aceite hirviendo.

Poner aceite de oliva en una sartén. Añade la cebolla. Pela las patatas, cortarlas en rodajas finas, con la ayuda de una mandolina japonesa. Añade la mitad de la sal y pon en la sartén a fuego alto.

Cuando el aceite empiece a burbujear, bajad el fuego a temperatura media y dejad que se vayan haciendo durante unos 15-20 minutos. Podeis dar la vuelta a las patatas y cebolla, intentando no romperlas. Para que las de abajo queden arriba y las de arriba abajo y se hagan todas por igual. Tienen que quedar blandas sin quemarse ni perder su forma.

Escurre las patatas en un colador. Con un tenedor bate bien los huevos en un bol y añadimos el resto de la sal. Incorporamos las patatas escurridas y las mezclamos con el huevo. Ponemos a calentar en la misma sartén 1,5 cucharadas soperas de aceite. Cuando el aceite empiece a humear, es decir que esté bien caliente, añadimos la mezcla de huevos y patatas. Deja 2 minutos al fuego vivo y da la vuelta a la tortilla.

Para dar la vuelta a la tortilla: Utiliza un guante de cocina para no quemarte. Pon un plato sobre la sartén y sujétalo bien con la mano enguantada. Toma el mango de la sartén con la otra mano. Con un movimiento rápido, vuelca el contenido de la sartén sobre el plato. Devuelve la sartén al fuego y añade una cucharada sopera de aceite de oliva. Desliza la parte cruda de la tortilla sobre la sartén. Cocina durante otros 2 minutos, sacudiendo la sartén para que no se pegue. Baja el fuego y cocina 1 ó 2 minutos más. A nosotros nos gustan las tortillas bastante jugosas por dentro.

Tortilla rellena:

Si por algún motivo te sale muy seca la puedes reconvertir en la famosa tortilla rellena del norte de España o hacer una tortilla guisada, es decir añadirle una salsa caliente que le imparta jugosidad.

Corta la tortilla en 2 mitades en sentido horizontal. Unta cada mitad con mayonesa y rellena con lechuga, y tomate. Vuelve a unir las dos mitades de la tortilla. Cortas la tortilla rellena en 8 triángulos y los pones sobre un trozo de pan, decorándolos con una aceituna o un poco de mayonesa y un trozo de tomate cherry.

Mushrooms with Garlic Parsley Sauce in the Style of La Rioja

1 clove garlic, peeled

1 tablespoon (4 g) packed chopped parsley

5 tablespoons (75 ml) extra-virgin olive oil, divided

2 tablespoons (30 ml) lemon juice

18 large mushrooms

Salt and freshly ground pepper

6 small shrimp, peeled

6 wooden skewers

6 slices bread

Makes 6 skewers

These pinchos are messy to eat, but that is part of the fun. Some people prefer to remove the skewer and arrange the mushroom and the shrimp on top of the bread. Soriano, a family bar on Logroño's Laurel Street, is packed with customers eating this pincho. Their family recipe is a closely guarded secret. I have often enjoyed tapas here with my friend Judith from La Rioja, and I have created my own version of this pincho.

Combine the garlic, parsley, 4 tablespoons (60 ml) of the olive oil, lemon juice, and salt in a blender until it is a green sauce. Set aside.

Clean the mushrooms with a soft brush and remove the stems. Put the remaining 1 tablespoon (15 ml) olive oil in a pan that can fit all the mushroom caps.

Heat the pan, and when the oil is hot, add the mushrooms, stem-side down. Sprinkle with salt and pepper, and cook for 2 to 3 minutes over medium heat. When they begin to brown, turn over, and add the shrimp with a little more salt and pepper. Cook for 2 to 3 minutes, drizzling some of the garlic parsley sauce over each mushroom. Remember to cook the shrimp on both sides.

Pierce 1 shrimp and 3 mushrooms on each skewer. Add a slice of bread and place on a serving platter. Continue with the remaining shrimp and mushrooms until finished. Drizzle with a little more garlic parsley sauce.

mushroom – champiñon
shrimp – gamba
bread – pan

Champiñones con salsa de ajo y perejil al estilo de la Rioja

1 diente de ajo pelado

1 cucharada (4 gr) de perejil picado

5 cucharadas (75 ml) de aceite de oliva virgen extra, divididas

2 cucharadas (30 ml) de zumo de limón

18 champiñones grandes

Sal y pimienta recién molida

6 gambas pequeñas peladas

6 pinchos de madera

6 rebanadas de pan

Para 6 pinchos

Estos pinchos son complicados de comer y esa es parte de su gracia. Algunos preferimos quitar el palillo y colocar los champiñones y la gamba sobre el pan. El bar de la familia Soriano, en la calle Laurel de Logroño siempre está lleno hasta la bandera y solo sirven este pincho, pero mantienen en secreto su famosa receta. A menudo tapeo aquí con mi amiga riojana Judith y esta es mi versión de este famoso plato

Mezcla el ajo, el perejil, 4 cucharadas (60 ml) de aceite de oliva, el zumo de limón y sal, y licúalo en la batidora hasta obtener una salsa verde. Reservar.

Limpia los champiñones con un cepillito suave y retírales el tallo. En una sartén en la que quepan todos los champiñones pon el resto de cucharada (15 ml) de aceite de oliva.

Pon la sartén al fuego y cuando el aceite esté caliente, coloca todos los champiñones con la parte del tallo hacia abajo. Salpimienta y cocina 2 ó 3 minutos a fuego medio. Cuando empiecen a tomar un poco de color, dales la vuelta y añada las gambas y salpimienta otro poco. Cocina durante 2 ó 3 minutos y baña con un poco de la salsa de perejil y ajo cada champiñón. No olvides cocer las gambas por ambos lados.

Coloca 1 gamba y 3 champiñones en cada pincho. Añade una rebanada de pan y ponlos en una fuente de servir. Termina de hacer los 6 pinchos, y báñalos con más salsa de perejil y ajo.

Pickled Tuna Fish

2¼ pounds (1 kg) tuna fish

1 cup (235 ml) extra-virgin olive oil, divided

1 head garlic

1 large onion, sliced

½ cup (120 ml) dry white wine

1 cup (235 ml) sherry vinegar

½ cup (120 ml) apple cider vinegar

2 cups (470 ml) water

10 peppercorns

4 bay leaves

1 whole garlic clove

1 teaspoon dried thyme or a few sprigs fresh thyme

1 teaspoon salt

½ teaspoon sugar

Serves 4 to 6

tuna — bonito
thyme — tomillo

In hot climates, pickling in vinegar is a traditional way to preserve food. Any fish can be used but it works better with blue fish such as sardines, tuna, and mackerel. There are many slight variations in the pickling of vegetables and spices, but olive oil and vinegar are essential. Pickles are best made in earthenware pots because they do not react to vinegar.

Wash the fish thoroughly and pat dry. Cut into thick chunks or slices of approximately 1 inch (2.5 cm).

Put 2 tablespoons (30 ml) of the olive oil in a pan and sear the tuna on all sides until golden. Set aside. (You may also steam the fish if you prefer.)

Peel the garlic cloves. Using an enamel pot, heat the remaining oil, and fry the onion and garlic for 3 minutes. Add the wine, both vinegars, water, peppercorns, bay leaves, garlic clove, thyme, salt, and sugar, bringing to a boil. Boil for 6 to 8 minutes. Reduce the heat to low.

Add the fish to the escabeche liquid and cook for 1 to 2 minutes over very gentle heat.

Turn the heat off and allow to cool to room temperature. Once cool, transfer to a glass or earthenware bowl (do not store in a metal or plastic container) and keep in the refrigerator. The fish must be completely covered with liquid. If more liquid is needed, boil 2 cups (470 ml) water with ¼ cup (60 ml) vinegar for 5 minutes and add to the fish. Wait for 3 days before eating. It will keep for at least a month.

The pickled fish can be used for many different recipes such as salads, patties, stuffed vegetables, and all kinds of tapas.

Bonito en escabeche

2¼ de libras (1 kg) de bonito

1 taza (235 ml) de aceite de oliva virgen extra, dividida

1 cabeza de ajo

1 cebolla grande cortada en rodajas

½ taza (120 ml) de vino blanco seco

1 taza (235 ml) de vinagre de Jerez

½ taza (120 ml) de vinagre de manzana

2 tazas (470 ml) de agua

10 bolas de pimienta

4 hojas de laurel

1 clavo entero

1 cucharadita de tomillo seco o unas cuantas ramitas de tomillo fresco

1 cucharadita de sal

½ cucharadita de azúcar

Para 4 to 6 personas

El escabeche es una forma tradicional de conservar alimentos en países de clima caliente. Se puede utilizar cualquier tipo de pescado pero funciona mejor con pescado azule como sardinas, bonito y jurel o caballa. Hay muchas variaciones en los ingredientes, tanto en las especias como en los vegetales, pero el aceite de oliva y el vinagre son imprescindibles. El escabeche se hace mejor en cazuelas de barro pues no reacciona con el vinagre.

Lava bien y seca el pescado. Córtalo en pedazos gruesos o en rodajas de aproximadamente 1 pulgada (2.5 cm).

Pon 2 cucharadas (30 ml) de aceite de oliva en una sartén y a el bonito por todas partes. Reserva. (Se puede cocer al vapor si lo prefieres.)

Pela los dientes de ajo. En un cazo de hierro esmaltado o de barro, calienta las 14 cucharadas (205 ml) restantes de aceite y fríe la cebolla y los dientes de ajo durante 3 minutos. Añade el vino, el vinagre, el agua, la pimienta, el laurel, el clavo, el tomillo, la sal y el azúcar, y hierve durante 6 u 8 minutos. Reduce a fuego suave.

Incorpora el pescado al escabeche con cuidado y cocina a fuego suave 1 ó 2 minutos más.

Apaga el fuego y deja enfriar a temperatura ambiente. Una vez frío, conserva en la nevera en un recipiente de cristal, porcelana o barro (no lo cocines ni lo almacenes en un recipiente de metal o de plástico). El pescado debe estar totalmente cubierto por el líquido del escabeche. Si hiciera falta más líquido, cuece 2 tazas de agua con ¼ de taza de vinagre durante 5 minutos y viértalo encima del pescado. Espera 3 días antes de comerlo. Se conservará por lo menos un mes.

El escabeche se utiliza en muchas recetas, como ensaladas, empanadillas, verduras rellenas, y es imprescindible en todo tipo de tapas.

Stuffed Eggs

4 hard-boiled eggs, peeled and cut in half

½ cup (120 g) Pickled Tuna Fish (page 20)

½ cup (120 g) mayonnaise

1 tablespoon (4 g) minced fresh parsley or chives

8 olives

8 large shrimp, peeled and cooked

8 wooden skewers

Minced parsley, for garnish

Serves 4

Eggs are a great revitalizing food. In addition to being a good source of protein, in Spain they also have a symbolic significance representing renewal and fertility. For example, we use them as decorations during Easter time in sweet cakes, such as monas, where they are placed whole and raw in their shells, on top of the batter just before baking. They make simple and beautiful decorations.

Remove 2 egg yolks and set aside.

Combine the tuna fish, mayonnaise, 2 remaining egg yolks, and minced parsley in a bowl. Cut off a small slice of the bottom of the egg white to help the egg stay in place. Stuff the eggs with this mixture and place on a serving platter.

Skewer an olive and a shrimp on each skewer and stick on each stuffed egg.

Garnish with the minced parsley. Place the reserved egg yolks in a colander, press with a big spoon. The egg yolk decoration dries out quickly, so it should be made just before serving.

olives – aceitunas

mayonnaise – mayonesa

Huevos rellenos

4 huevos duros, pelados y cortados por la mitad

½ taza (120 gr) de Bonito en escabeche (página 21)

½ taza (120 gr) de mayonesa

1 cucharada (4 gr) de perejil o cebollino

8 aceitunas

8 gambas grandes, cocidas y peladas

8 palillos de madera

Perejil picado para decorar

Para 4 personas

Los huevos son un alimento revitalizante. Además de ser una gran fuente de proteína, en España también tienen significado simbólico y representan renovación y fertilidad. Por ejemplo, los utilizamos en Semana Santa para las 'monas' de Pascua. Se colocan crudos y enteros sobre la masa, antes de hornear. Se transforman en sencillos y bonitos elementos decorativos.

Retira 2 yemas de huevo y resérvalas.

Mezcla la mayonesa, el atún, las 2 yemas restantes y el perejil picado en un recipiente. Corta una pequeña parte de la base de la clara para que el huevo se mantenga firme en su lugar. Rellena los huevos con la mezcla y colócalos en una bandeja de servir.

Pincha una aceituna y una gamba en cada palillo y clava uno en cada huevo relleno.

Decora con el resto del perejil picado. Coloca las yemas que reservaste en un colador y aplasta con una cuchara y una especie de nube amarilla caerá sobre los huevos. La yema se seca muy rápido por eso hay que decorarlos justo antes de servir.

Monkfish and Shrimp Salad

½ tablespoon (9 g) salt

1 bay leaf

2 or 3 monkfish fillets (about 20 ounces, or 560 g), cleaned and deboned

1 red bell pepper, seeded and finely diced

1 green Italian pepper, seeded and finely diced

1 small onion, diced

1 almost green mango, peeled, pitted, and finely diced

3 tablespoons (36 g) minced pickled cucumber

¾ cup (180 ml) extra-virgin olive oil, Arbequina variety if possible

¼ cup (60 ml) sherry vinegar

¼ cup (60 ml) apple cider vinegar

Juice of 1 lemon

12 jumbo prawns, cooked, peeled, and cut in half

3 cups (about 10 ounces, or 280 g) small shrimp or prawns, cooked and peeled

1 tablespoon (4 g) minced fresh parsley

Diced avocado, other fish or seafood such as tuna, hake, mussels, octopus, or clams (optional)

Garnish

Lettuce leaves and toast

Serves 4 as a main dish 6 to 8 as a tapa

Salpicón is a cold dish prepared with cooked ingredients such as seafood or chicken, diced or shredded, and seasoned with vinaigrette. Originally made with cheap cuts of meat and considered a humble dish, salpicón today is known as a fish dish. It can be served as a tapa, an appetizer, or a healthy main dish. Make it your own by mixing in different seafood, such as mussels or squid. Just remember to cook them first. In some parts of Spain, minced, hard-boiled egg is added as well.

Heat water in a saucepan, add salt, the bay leaf, and the monkfish fillets and bring to a boil. Lower the heat and cook for 5 to 8 minutes. This will depend on the size of the fish. Turn the heat off, strain, and set aside. (You may also grill the fish.)

In a glass or ceramic bowl, combine the peppers, onion, mango, cucumber, extra-virgin olive oil, both vinegars, lemon juice, and salt. Mix well. Add the shrimp or prawns.

Peel the monkfish if there is any skin left, and cut into chunks the size of a cherry tomato or a little larger. Add to the bowl and mix gently. Garnish with the minced parsley.

Refrigerate or serve at room temperature. As a tapa, put a lettuce leaf over toast and scoop some salpicón on top.

Note: The addition of mango and pickled cucumber is not traditional, but we really love it at home. Sometimes we add diced avocado, yellow bell pepper, and even corn.

cucumber – pepino

Salpicón de rape y gambas

½ cucharada (9 gr) de sal

1 hoja de laurel

2 o 3 lomos de rape limpio (aprox. 20 onzas, o 560 gr)

1 pimiento rojo sin semillas cortado en dados pequeños

1 pimiento verde sin semillas cortado en dados pequeños

1 cebolla pequeña picada

1 mango casi verde pelado y cortado en dados pequeños

3 cucharadas (36 gr) de pepinillos picados finamente

¾ de taza (180 ml) de aceite de oliva virgen extra, variedad arbequina si es posible

¼ de taza (60 ml) de vinagre de jerez

¼ de taza (60 ml) de vinagre de manzana

El zumo de 1 limón

12 gambas grandes, cocidas y peladas y cortadas en dos

3 tazas (aprox. 10 onzas, o 280 gr) de gambas pequeñas o de cangrejos de río cocidos y pelados

1 cucharada (4 gr) de perejil picado

Dados de aguacate, otro pescado o marisco como bonito o atún, merluza, mejillones, pulpo o almejas. (facultativo)

Guarnición

Hojas de lechuga para adornar

Tostadas para adornar

Para 4 personas como entrante 6 u 8 como tapa

El 'Salpicón' es un plato frío preparado con ingredientes cocidos como pescado, marisco o pollo, cortado en dados o desmigado y aderezado con vinagreta. Originalmente se hacía con los trozos más baratos de la carne y se consideraba un plato humilde, pero hoy se considera un plato de pescado. Puede ser una tapa, un aperitivo o un entrante sano. Haz tu propia versión con mariscos, como por ejemplo con mejillones o calamares. Sólo recuerda cocinarlos antes. En algunas partes de España se le añade huevo duro picado.

Pon agua a calentar en un cazo y añade, sal, el laurel y el rape. Cuando empiece a hervir, baja el fuego y deja a fuego medio durante 5 a 8 minutos. Eso dependerá del tamaño del pescado. Apaga el fuego, escurre y reserva. (También puedes hacer el pescado a la plancha.)

En una fuente de cristal o cerámica, combina los pimientos, la cebolla, el mango, los pepinos, el aceite de oliva, ambos vinagres, el zumo de limón y la sal. Mezcla bien. Añade las gambas cocidas.

Si han quedado pieles en el pescado, retíralas y corta el rape en trozos del tamaño de un tomate cereza o un poco más grande. Incorpóralo a la ensalada y mezcla con cuidado. Adiciona cualquiera de los ingredientes facultativos. Adorna con perejil picado.

Sirve a temperatura ambiente. O como tapa, pon una hoja pequeña de lechuga sobre una tostada y un poco de salpicón encima.

Nota: Agregarle mango y pepinillo no es un clásico pero en casa nos encanta así. También a veces le añadimos aguacate en dados, pimiento amarillo e incluso maíz.

Grilled Green Asparagus with Orange Mayonnaise

16 green asparagus (discard the hard bottom)

2 tablespoons (30 ml) extra-virgin olive oil, divided

Salt

Orange mayonnaise

2 tablespoons (30 ml) fresh orange juice

⅛ teaspoon (a small pinch) powdered saffron

1 tablespoon (15 ml) lemon juice

1 teaspoon grated fresh organic orange peel

1 cup (240 g) mayonnaise

Salt and freshly ground pepper

Garnish

Fried almonds

Cured Manchego cheese, thinly sliced

Serves 4

Did you know that green and white asparagus are the same beautiful plant? White asparagus are covered with earth as soon as they begin to poke through. They never see the sunlight. Green asparagus are allowed to grow out of the earth and catch the sun's rays, therefore generating green chlorophyll. I grow them in my orchard and they are great fun to pick. You will find this is a very popular vegetable tapa.

Hold the asparagus with both hands and break off the hard bottom part. If they do not break easily, try a bit higher on the stalk. Cut the base with a knife to even the break. Clean them and allow to dry.

Place a cast-iron pan over high heat, add 1 tablespoon (15 ml) of the olive oil, sprinkle some salt all over the pan, and place the asparagus on top. Grill for 3 to 4 minutes, and then turn over. Add the remaining 1 tablespoon (15 ml) olive oil, a sprinkle of salt, and grill for a few more minutes. They must retain their green color and remain a little crunchy.

To make the orange mayonnaise: Heat the orange juice in a small pan over medium heat, and when hot, add the saffron. Place in a bowl. Add the lemon juice, grated orange peel, and mayonnaise. Season with salt and pepper. Mix well.

Serve the asparagus from the grill with a bowl of sauce and some extra salt and pepper over them. You may also garnish with some minced fried almonds or thinly sliced, cured Manchego cheese.

Note: If you want to cook this dish on the barbecue, it is easier to spread olive oil on the asparagus before placing on the grill. Asparagus should be salted after grilling.

asparagus – espárragos
saffron – azafrán

Espárragos verdes a la plancha con mayonesa de naranja

16 espárragos verdes

2 cucharadas (30 ml) de aceite de oliva virgen extra, dividido

Sal

Mayonesa de naranja

2 cucharadas (30 ml) de zumo de naranja fresco

⅛ de cucharita (un pellizquito) de azafrán en polvo

1 cucharada (15 ml) de zumo de limón

1 cucharadita de ralladura de naranja ecológica

1 taza (240 gr) de mayonesa

Sal y pimienta recién molida

Guarnición

Almendras fritas y picadas

Queso Manchego curado en finas tiras

Para 4 personas

¿Sabías que los espárragos verdes y blancos vienen de la misma preciosa planta? Los blancos se vuelven a cubrir con tierra en cuanto asoman y nunca les da el sol. Los verdes crecen hacia arriba y gracias a la luz del sol, reflejan la clorofila verde. Tengo espárragos en mi huerta, y son muy divertidos de recoger, a menudo los comemos crudos. Es una tapa verde muy popular.

Sujeta el espárrago con las dos manos e intenta romper la parte de abajo que es la más dura. Si no se rompe con facilidad, prueba un poco más arriba. Los espárragos se rompen solos cuando alcanzas la parte más suave. Corta la base con un cuchillo para igualarlos, lávalos y sécalos.

Pon una sartén o un grill de hierro sobre el fuego, añade 1 cucharada (15 ml) de aceite de oliva y espolvorea un poco de sal sobre la sartén y pon encima los espárragos. Ásalos durante unos 3 ó 4 minutos, y luego dales la vuelta. Añade la cucharada restante (15 ml) de aceite de oliva y un pellizco de sal y ásalos unos minutos más. Deben mantener su color verde y quedar un poco crujientes.

Para preparar la mayonesa de naranja: calienta el zumo de naranja en una sartén pequeña a fuego medio, cuando esté caliente, añade el azafrán en polvo. Ponlo en un bol. Añade el zumo de limón, la ralladura de naranja y la mayonesa. Adereza con sal y pimienta y mezcla bien.

Sirve los espárragos de la plancha junto con un bol de mayonesa y poco más de sal y pimienta encima. También se pueden adornar con almendra frita picada por encima o lonchas finas de queso manchego curado.

Nota: Si quieres hacerlos en la barbacoa, aderézalos antes con el aceite. No olvides añadirles sal una vez hechos.

Salad My Way

¾ cup (100 g) peeled and diced green beans

2 carrots, peeled and diced

¾ cup (100 g) fresh shelled peas (frozen will do)

8 green asparagus, (discard the hard bottom) sliced

3 cups (500 g) peeled, diced potatoes, celeriac bulb, or chayote (vegetable pear)

1 cup (240 g) mayonnaise

½ cup (120 g) yogurt

¼ cup (60 ml) extra-virgin olive oil

1 teaspoon anchovy paste

1 tablespoon (15 ml) lemon juice

1 teaspoon grated organic lemon peel

Minced chives

Salt and freshly ground pepper

Serves 4 as a main dish 8 to 10 as a tapa

Ensaladilla rusa, a favorite tapas of ours, is a potato, pea, and carrot salad with mayonnaise. Everyone here has his or her own recipe, including famous chefs. It can be made with tuna fish, shrimp, sea urchin, even salmon. I change the recipe according to the ingredients I have on hand. When using store-bought mayonnaise, always add some very good, extra-virgin olive oil. It is also a great accompaniment for fish and cold meats.

Cook the green beans in abundantly salted boiling water for 4 minutes. Drain to another pan and place the beans in a bowl. Cook the carrots and peas in the same salted water for 3 minutes, then drain and add to the bowl. Cook the asparagus in the same water for 1 minute, then drain and add it to the bowl. Finally, add the potatoes and cook for 4 to 5 minutes, depending on the size of the chunks. Drain and place in the bowl.

In a separate bowl, mix together the mayonnaise, yogurt, olive oil, anchovy paste, lemon juice, grated peel, chives, salt and pepper. Pour over the vegetables and mix carefully.

This is a great classic with many uses in the tapas world. You may serve it on toast or in small bowls with a garnish of your choice, such as cooked shrimp, pickled tuna, anchovies, olives, roasted red pepper, capers, beetroot, or pickled cucumber. You can also roll it in a slice of smoked salmon and put it on top of bread.

Note: If you do not eat dairy, you can make a dressing with tofu, soy creamer, olive oil, lemon, vinegar, chives, and yellow miso paste.

peas - guisantes

Ensaladilla a mi manera

¾ taza (100 gr) de judías verdes, peladas y cortadas en dados

2 zanahorias peladas y cortadas en dados

¾ taza (100 gr) de guisantes frescos desgranados (se pueden utilizar congelados)

8 espárragos trigueros, cortados en rodajas

3 tazas (500 gr) de patatas peladas y cortadas en dados o de bulbo de apio o chayote

1 taza (240 gr) de mayonesa

½ taza (120 gr) de yogur natural

¼ de taza (60 ml) de aceite de oliva virgen extra

1 cucharadita de pasta de anchoas

1 cucharada (15 ml) de zumo de limón

1 cucharadita de ralladura de limón ecológico

Cebollino picado

Sal y pimienta recién molida

Para 4 personas como entrante 8 u 10 como tapa

La ensaladilla rusa es uno de nuestros grandes favoritos, y lleva patatas, guisantes, zanahoria y mayonesa. Cada uno tiene su propia receta incluidos los chefs famosos. Se le puede poner, atún, gambas, erizo de mar y hasta huevas de salmón. Yo cambio la receta según los ingredientes de que disponga y cuando compro mayonesa hecha siempre le añado un buen aceite de oliva virgen extra. Es un gran acompañamiento para pescados y carnes frías.

Cocer las judías verdes en abundante agua con sal durante 4 minutos. Escúrrelas y ponlas en un bol. Cocinar las zanahorias y los guisantes en el mismo agua salada durante 3 minutos, luego escúrrelas y ponlas en el bol. Cocina los espárragos en el mismo agua durante 1 minuto, luego escúrrelas y ponlas en el bol. Finalmente cocina las patatas durante unos 4 ó 5 minutos, dependiendo de su tamaño. Escúrrelas y ponlas en el bol.

En un recipiente diferente, mezcla la mayonesa, el yogur, el aceite de oliva, la pasta de anchoas, el zumo y ralladura de limón, cebollino picado, sal y pimienta. Cubre las verduras con la salsa. Mezcla con cuidado.

Esta ensalada es un gran clásico con muchas utilidades en el mundo de las tapas. Se puede servir en pan o en pequeños recipientes con guarnición al gusto: gambas cocidas, bonito en escabeche, anchoas, aceitunas, pimiento asado, alcaparras, remolacha o pepinillos en vinagre. También puedes rellenar una loncha de salmón ahumado y ponerlo sobre pan.

Nota: Si no tomas lácteos, puedes hacer un aliño con tofu, crema de soja, aceite de oliva, limón, vinagre, cebollino y miso claro.

Roasted Vegetables on Toast

Olive sauce

1 cup (150 g) black pitted olives

½ cup (120 ml) extra-virgin olive oil

½ clove garlic

½ teaspoon thyme

1 tablespoon (4 g) chopped fresh parsley

1 teaspoon lemon juice

2 tablespoons (30 ml) water

Freshly ground pepper

Vegetables

2 onions

2 red bell peppers

2 tomatoes

2 eggplants

Olive oil

Salt

24 to 30 slices sourdough bread

Garnish

Alcaparrones (large pickled capers)

Anchovies in olive oil (½ or 1 per toast)

Slices of goat cheese

Basil leaves

Pickled Tuna Fish (page 20)

Thinly sliced cecina (dry-cured meat)

Extra-virgin olive oil, Picual variety
   or other good brand

3 tablespoons (12 g) minced parsley

Makes 24 to 30 tapas
serves 4 as a salad

We have a great tradition of roasting potatoes, garlic, pumpkin, chestnuts, and sweet potatoes over hot coals. It comes from our very wise and humble popular country cuisine, which uses fire as a cooking method. This is more of a late summer/early autumn dish, when peppers, tomatoes, eggplants, and onions are at their best. It is very popular in the area of Aragón, Valencia, and Barcelona. Try roasting a whole garlic head and a few raw almonds, and then mash and mix with extra-virgin olive oil and salt as a substitute for the olive sauce.

Preheat the oven to 425°F (220°C or gas mark 7).

To make the sauce: Wash the olives in cold water, place in a blender, and add the rest of the ingredients. Process until smooth and set aside.

bread — pan

To roast your vegetables on the barbecue: Cut the onions, peppers, tomatoes, and eggplant in half to shorten cooking time and drizzle with a little olive oil. The skin gets charred and the vegetables have a smoky aroma, which adds to the flavor. Peel the vegetables while still warm (it will be easier).

On a slice of bread, spread a teaspoon of olive sauce, place a piece of each vegetable, add any of the garnishes, drizzle with extra-virgin olive oil, and add a little minced parsley.

Note: You may also toss the roasted vegetables in the olive sauce, add greens or cooked pasta, and make a delicious salad!

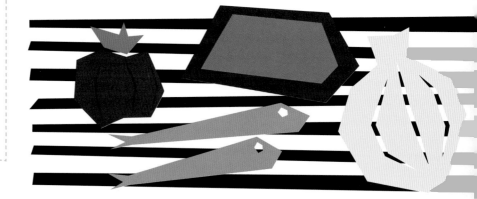

Tosta de verduras asadas

Salsa de aceitunas

1 taza (150 gr) de aceitunas negras
deshuesadas

½ taza (120 ml) de aceite de oliva
virgen extra

½ diente de ajo

½ cucharadita de tomillo

1 cucharada (4 gr) de perejil picado

1 cucharadita de zumo de limón

2 cucharadas (30 ml) de agua

Pimienta recién molida

Verduras

2 cebollas

2 pimientos rojos

2 tomates

2 berenjenas

Aceite de oliva

Sal

24 a 30 rebanadas de pan de
masa madre

Guarnición

Alcaparrones

Anchoas en aceite de oliva
(½ o 1 por tosta)

Queso de cabra en rodajas

Hojas de albahaca

Bonito en escabeche (página 21)

Cecina cortada finamente

Aceite de oliva virgen extra de la
variedad Picual u otra buena marca

3 cucharadas (12 gr) de perejil picado

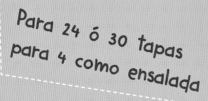

Para 24 ó 30 tapas
para 4 como ensalada

Tenemos una gran tradición de asar a las brasas patatas, ajos,
calabaza, castañas y boniatos. Viene de nuestra humilde y
sabia cocina popular, que usa las brasas para cocinar. Este es
un plato de finales de verano principio y otoño, cuando los
pimientos, los tomates, las berenjenas y las cebollas están
en su esplendor. Es muy popular en la zona de Aragón,
Valencia y Barcelona. Intenta asar una cabeza entera de
ajos, unas cuantas almendras crudas, y luego machaca
y mezcla con aceite de oliva virgen extra y sal, como
sustituto a la salsa de aceitunas.

Praclienta el horno a 220°C (425°F o gas 7).

Para preparar la salsa: lava las aceitunas
en agua fría, pon las en una batidora junto
con el resto de los ingredientes. Tritura
hasta que esté suave y reserva.

Asa las verduras en la barbacoa: corta las
cebollas, los tomates y la berenjena por la
mitad para asarlas más rápido, y riégalas
con un poco de aceite de oliva. La piel
se quema y le imparte a las verduras un
ligero aroma ahumado. Pela las verduras
mientras estén calientes (te resultará más
fácil).

En una rebanada de pan, pon una
cucharadita de salsa de aceitunas, un
trozo de cada una de las verduras, y
añade una guarnición al gusto; riega
con aceite de oliva y añádele perejil
picado.

Nota: Puedes también mezclar las verduras asadas con la salsa de aceitunas,
y añadir hojas de lechuga o pasta cocida y ¡hacer una ensalada deliciosa!

Barbecued Shrimp in Garlic Sauce

- 1 cup (235 ml) extra-virgin olive oil

- 1½ cups (90 g) loosely packed parsley leaves

- 4 to 6 cloves garlic, peeled

- 1½ red bird's eye chile peppers, stemmed but not seeded

- 1 teaspoon salt

- 2¼ pounds (1 kg) peeled jumbo shrimp

- 30 wooden skewers, soaked in water for 30 minutes

Makes 30 skewers

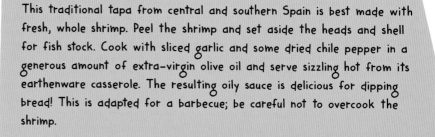

This traditional tapa from central and southern Spain is best made with fresh, whole shrimp. Peel the shrimp and set aside the heads and shell for fish stock. Cook with sliced garlic and some dried chile pepper in a generous amount of extra-virgin olive oil and serve sizzling hot from its earthenware casserole. The resulting oily sauce is delicious for dipping bread! This is adapted for a barbecue; be careful not to overcook the shrimp.

garlic – ajo

In a blender, combine the olive oil, parsley, garlic, chile peppers, and salt. Blend until you obtain a smooth green sauce with little red bits. Pour into a large bowl. Add shrimp to the bowl with the sauce and marinate for 10 minutes.

Place 3 shrimp on each skewer. Do not press each shrimp too close to each other or the center one will not cook properly. Spread a little marinade on the shrimp and grill over high heat for 1 minute on each side. You may cook this directly on the barbecue or in a skillet.

While one side is cooking, add more marinade before turning over. Feel free to adapt the amount of garlic and chile pepper to suit your taste. We like them very garlicky.

Serve as they come off the grill. A small glass of cold *gazpacho* or *salmorejo* is a refreshing contrast. Place a bowl of lemon mayonnaise on the table for those who wish to dip.

Gambas al ajillo para tu barbacoa

- 1 taza (235 ml) de aceite de oliva virgen extra

- 1½ tazas (90 gr) de hojas de perejil

- 4 a 6 dientes de ajo pelados

- 1½ guindilla roja pequeña fresca con semillas pero sin el tallo

- 1 cucharadita de sal

- 2¼ de libras (1 kg) de gambas gigantes y peladas

- 30 pinchos de madera, previamente sumergidos en agua durante 30 minutos.

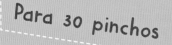

Para 30 pinchos

Una tapa muy tradicional del centro y del sur de España que se hace con gambas frescas y enteras. Se pelan las gambas y se reservan las cabezas y las cáscaras para caldo. Se cocina en cazuelita de barro con ajo laminado, guindilla y abundante aceite de oliva. La salsa aceitosa resultante es ¡deliciosa para mojar pan! Esta es una receta adaptada para barbacoa, ten cuidado de no cocinar las gambas en exceso.

En una batidora, mezcla el aceite de oliva, las hojas de perejil, el ajo, la guindilla y la sal. Licuar hasta obtener una salsa verde con destellos rojos. Viértela en un bol grande. Ponlas en el recipiente con la salsa y marina 10 minutos.

Pon 3 gambas en cada pincho. No las aprietes una con otra para no dificultar la cocción de la gamba central. Riega con un poco de salsa y cocina a fuego fuerte durante 1 minuto cada lado. Puedes hacerlo directamente en la barbacoa o en una sartén.

Mientras se están cocinando de un lado, puedes añadir un poco más de salsa antes de darles la vuelta. Adapta la cantidad de ajo y picante a tu gusto. A nosotros nos gustan con mucho ajo.

Sírvelas recién hechas. Un pequeño vaso de gazpacho o salmorejo es un contraste muy refrescante. Pon un bol de mayonesa con bastante zumo de limón por si alguien quiere mojar.

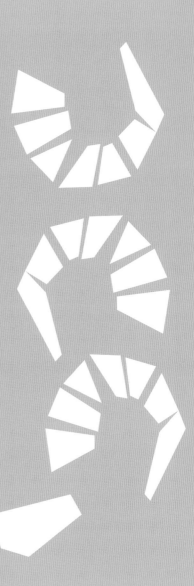

Vegetable Cocas

3 tablespoons (45 ml) extra-virgin olive oil

2 onions, minced

2 pounds (1 kg) spinach and Swiss chard leaves

¼ teaspoon salt

Freshly ground pepper

Dough

½ cup (120 ml) warm water

½ cup (120 ml) extra-virgin olive oil

1 teaspoon salt

½ teaspoon sugar

1 teaspoon dry yeast

3 cups (240 g) all-purpose flour

1 teaspoon Pimentón de la Vera (sweet, smoky paprika)

¼ cup (65 g) raisins (soak in water for 1 to 2 hours)

4 tablespoons (40 g) pine nuts

Serves 6 to 8

zucchini – calabacín
pepper – pimiento

Peppers were first introduced to Spain by the explorer Christopher Columbus. In Spain, the farming of peppers is now associated with the monasteries of San Pedro de Ñora in Murcia, and San Jerónimo de Yuste in Extremadura, the retirement place of Emperor Charles the Fifth. Both areas are still producing excellent pimentón (paprika), but Yuste's is well known for its smoky flavor. This is because in this region the climate is more humid and the peppers are dried with oak wood.

Preheat the oven to 425° F (220° C or gas mark 7).

Sauté the olive oil, onion, and salt over medium heat for 3 to 4 minutes. Add spinach and Swiss chard leaves and sauté over high heat for 10 more minutes. Season with pepper and drain in a colander. Set aside. (If vegetables are not drained properly, they will spoil the dough.)

To make the dough: In a bowl, combine water, olive oil, salt, sugar, and yeast. Stir well and add the flour. (This process can be done by machine.) Knead for 1 to 2 minutes, until the dough is very soft and not sticky. If it is too hard, add oil and water in the same proportion simultaneously, until you reach the desired consistency.

Roll the dough out on a parchment paper into a 12 x 24-inch (30 x 60 cm) thin rectangle. Transfer to a baking tray. Distribute the drained vegetables on top of the dough, spread evenly, and then sprinkle with pimentón (paprika), drained raisins, and pine nuts. Bake in the center of the oven for 15 to 20 minutes, or until the edges turn golden.

Serve hot or warm.

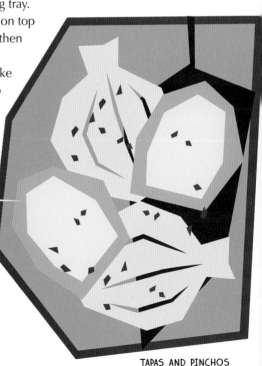

Note: Cocas are our local pizza. There is a great variety of them. You may use different vegetables, add cheese if you like, and make them your own.

Cocas de verduras

3 cucharadas soperas (45 ml) de aceite de oliva virgen extra

2 cebollas picadas

2 libras (1 kg) de hojas de espinaca y acelga

¼ cucharadita de sal

Pimienta recién molida

Masa

½ taza (120 ml) agua templada

½ taza (120 ml) aceite de oliva virgen extra

1 cucharadita de sal

½ cucharadita de azúcar

1 cucharadita de levadura de panadería, liofilizada

3 tazas (240 gr) de harina

1 cucharadita de pimentón dulce de La Vera

¼ taza (65 gr) de pasas (a remojo durante 1 hora)

4 cucharadas soperas (40 gr) de piñones

Para 6 u 8 personas

Cristóbal Colón introdujo los pimientos en España. Su cultivo se asocia a los monjes Jerónimos de San Pedro de Ñora en Murcia y San Jerónimo de Yuste en Extremadura, este último, bien conocido por ser el lugar de retiro del Emperador Carlos V. Ambas zonas siguen produciendo excelente pimentón pero el de Yuste es famoso por su sabor ahumado pues, al ser zona húmeda, los pimientos se secan con leña de encina y roble.

Precalienta el horno a 220º C (425º F o gas 7).

Pon en una sartén aceite, cebolla y sal y saltea a fuego medio durante 3 ó 4 minutos. Añade las hojas de espinaca y acelga y saltea a fuego vivo 10 minutos más. Sazona con pimienta al gusto y escurre en un colador. Reserva. Si las verduras están excesivamente húmedas, estropean la masa.

Para la masa: Mezcla en un bol agua, aceite, sal, azúcar y levadura. Remuévelo bien y añade la harina. Amasa 1 ó 2 minutos hasta que la masa quede muy flexible y suave y no se pegue a las manos (se puede hacer a máquina). Si la masa queda excesivamente dura, añade simultáneamente agua y aceite en la misma proporción hasta que obtengas la consistencia deseada.

Estira la masa en papel de hornear en tamaño aproximado de 30 x 60 cm (12 x 24 pulgadas) y coloca en la bandeja de horno. Reparte las verduras bien escurridas por encima, espolvorea con pimentón y termina con las pasas escurridas y los piñones. Hornea durante unos 15 ó 20 minutos o hasta que los bordes de la masa se doren.

Sirve caliente o templado.

Nota: las cocas son nuestra 'pizza' local y tenemos una gran variedad de ellas. Combina verduras diferentes, añade queso si quieres y hazla a tu gusto.

Meat and Fish

We are very fond of what we call spoon dishes: stews, hot pots, pulses, cereal, and soups—anything where bread can be included. But in Spain we also like fish and seafood of which we have an excellent variety—so fresh we like them cooked simply. A children's favorite is hake with green sauce.

My family loves the gravy of the meat. The children dip pieces of bread we call *barquitos* (little boats) in it. Here you will find a few of our favorite easy classics. Feel free to increase ingredients to make more sauce!

fish – pescado

Carne y pescado

Nos encantan los platos que llamamos
de cuchara, como los guisos, pucheros,
legumbres, cereales y las sopas o potajes,
cualquier cosa en la que se pueda incluir pan.
Pero en España también nos encanta el pescado
y el marisco, y tenemos una excelente variedad
de ellos, tan frescos que nos encanta prepararlos de
forma sencilla. Una de las recetas favoritas para los
niños es la merluza rebozada en salsa verde.

A mi familia le encanta la salsa de la carne pues los niños
pueden mojar esos trozos de pan que nosotros llamamos
'barquitos.' Aquí encontrarás algunas de nuestras recetas
clásicas favoritas. ¡Si lo deseas, aumenta los ingredientes para
preparar más salsa!

Valencian Paella

½ cup (120 ml) extra-virgin olive oil

1½ pounds (600 g) organic, free-range, skinless chicken, cut into small 1 to 1½-inch (3 cm) pieces

¾ pound (340 g) rabbit cut in small pieces (You can substitute with more chicken or ½ pound (200 g) diced pork.)

1 green or red bell pepper, seeded and sliced

½ pound (250 g) green beans cut into 3 pieces each

1 jar (10½ ounces, or 300 g) artichoke hearts, or 6 fresh artichoke hearts, cut into 4 pieces each

3 garlic cloves, minced

¾ pound (340 g) tomatoes, grated or peeled, finely chopped

¼ pound (100 g) dry, large, flat white bean (Garrofó variety or any other white bean) Soak in water a day ahead and then cook for 1 hour covered in water. Reserve the cooking liquid for chicken stock.

¾ pound (400 g) rice, Bomba variety or Calasparra

1 tablespoon (7 g) pimentón (paprika)

¼ teaspoon saffron threads or saffron powder

6 cups (1.5 L) chicken stock

12 cooked snails, optional

1 rosemary sprig

Serves 4

This is a very traditional dish from the Spanish area of Levante by the Mediterranean Sea. It is often cooked in the open air over a wood fire with controlled heat. Ingredients are sautéed in the center of the paella, a flat, round pan which lends its name to the dish. When ingredients are cooked to the desired state, they are pushed to the sides of the pan in order to allow room for the next batch.

Put about ¼ cup (60 ml) of olive oil in an 18-inch (45 cm) paella pan, and add salt to prevent splattering. Sauté each of the meats over gentle heat for about 15 to 20 minutes. Meanwhile, heat the chicken stock with the rosemary sprig to the boiling point and then add the saffron. Keep warm.

Transfer the meat pieces to the edge of the pan when cooked. Add a little more olive oil and sauté the peppers, green beans, and artichoke hearts for 5 to 8 minutes. Place on the sides of the pan and then add the garlic and tomato, and stir fry until the liquid has evaporated. Add more olive oil and fry the rice for 1 to 2 minutes. Add pimentón and stir for a few seconds. Then add the hot chicken stock (1 L or 4 cups) and raise the heat until it boils. Stir in the rice, and then add the fava beans. Cook for 10 minutes over high heat, and then lower the heat and cook until the rice is nearly tender, another 8 to 10 minutes. Turn the heat off, cover with a lid, and wait for 5 minutes to allow the rice to cook completely. Add the snails to warm through, if using. The rice should be dry, loose, and cooked, but still firm in the center.

The rice proportions are 1 portion of rice to 2 to 2½ portions of stock, but more liquid may be needed if the heat is high and too much evaporation occurs.

snail — caracol
rice — arroz

Paella valenciana

- ½ taza (120 ml) de aceite de oliva virgen extra

- 1½ libras (600 gr) de pollo ecológico de campo, en trozos pequeños sin piel (de unos 3 x 3 cm)

- ¾ de libra (340 gr) de conejo (podeis sustituirlo por más pollo y ½ de libra (200 gr) de magro de cerdo)

- 1 pimiento rojo o verde, sin semillas y cortado en tiras

- ½ libra (250 gr) de judías verdes planas, peladas y limpias, cortadas en 3 trozos

- 6 corazones de alcachofa (10½ oz o 300 gr), en 4 trozos cada uno

- 3 dientes de ajo picados

- ¾ de libra (340 gr) de tomate rallado o pelado y picado

- ¼ de libra (100 gr) de alubia blanca plana (Garrofó u otra cualquiera). Pon en remojo la víspera y cuece en agua durante 1 hora. Añade el líquido de cocción al caldo de pollo.

- ¾ de libra (400 gr) de arroz Bomba o Calasparra

- 1 cucharada (7 gr) de pimentón dulce

- ¼ de cucharadita de té azafrán molido o media de azafrán en hebras

- 6 tazas (1.5 L) de caldo de pollo

- 12 caracoles cocidos (opcional)

- 1 rama de romero

Para 4 personas

Es un plato muy tradicional de la zona del levante Español, cocinado al aire libre en hornos de leña con control de color. Los ingredientes se saltean en el centro de la 'paella, sartén redonda y plana que presta su nombre al plato. Una vez cocinados se van apartando hacia el borde para dejar espacio en el centro para los siguientes.

Pon la paella al fuego y añade la mitad más o menos del aceite de oliva y un poco de sal para que no salpique. Sala y sofríe las carnes a fuego medio-suave durante unos 15-20 minutos. Durante este tiempo, pon a calentar el caldo con el romero y sal hasta que hierva y entonces, incorpora el azafrán. Mantenlo caliente.

Cuando la carne esté bien dorada, retírala al borde de la paella. Vuelve a poner aceite y saltea pimientos, judías y alcachofas de 5 a 8 minutos. Retira a los lados de la paella. Añade ajo y tomate y sofríe hasta que el líquido se evapore. Añade más de aceite y fríe el arroz de 1 a 2 minutos. Añade pimentón y remueve unos segundos. Inmediatamente, incorpora el caldo hirviendo (1 l o 4 tazas) y sube el fuego. Reparte bien el arroz, distribuye las alubias por encima y cuece a fuego fuerte durante 10 minutos. Baja el fuego y termina de cocer a fuego suave durante 8–10 minutos o hasta que el arroz esté casi hecho. Apaga el fuego y tapa con papel de horno o de metal. Si utilizas caracoles, añádelos al final para que se calienten. El arroz debe quedar seco, suelto y cocido pero algo firme en el centro.

Las proporciones del arroz son 1 parte de arroz por 2 ó 2½ de caldo, pero puede hacer falta más líquido si el fuego es muy fuerte y hay mucha evaporación.

Shrimp Fideuá or Pasta Paella

Fideuá originated in Gandía on the coast of Levante. The name comes from fideos, or short, thin noodles. This is our homemade recipe. I made it on a day when my children invited many of their friends home and all the markets were closed. I had no fish, just a few shrimp, and other leftovers. It has now become one of our favorite dishes. If you cannot find short noodles, just break up some spaghetti. Any other kind of short pasta will do; just adapt the amount of liquid and the cooking time.

⅔ cup (160 ml) extra-virgin olive oil, more as needed

⅔ cup (100 g) diced fennel bulb

1 onion, diced

1 cup (140 g) diced red bell pepper

2 teaspoons (12 g) salt, divided

2 ripe tomatoes, grated

4 cloves garlic, minced

1½ cups (300 g) medium-size or large shrimp, peeled

2¼ cups (400 g) fideuá pasta; short, hollow, round, half-moon noodles; or any other short, thin pasta

2 teaspoons (5 g) sweet pimentón de la Vera or paprika

4 cups (940 ml) hot fish stock, vegetable stock, or water

½ cup (75 g) shelled fresh peas

⅛ teaspoon powdered saffron or a pinch saffron threads

16-inch (40 cm) paella pan

Serves 4

Add the olive oil, fennel, onion, bell pepper, and 1 teaspoon (3 g) of the salt to the paella pan and sauté for 10 to 12 minutes, or until the vegetables are well cooked and start to turn golden.

Add the grated tomato and garlic and fry until the water has evaporated.

Add the shrimp and fry for 1 minute, then add the pasta and fry for 1 to 2 more minutes. All should be well coated with olive oil; if necessary, add a little more oil.

Add the pimentón (or paprika) and stir gently; do not allow the pimentón to burn or it will become bitter.

Immediately add the hot stock, peas, saffron, and remaining 1 teaspoon (3 g) salt and mix well to distribute the ingredients. If some of the mixture sticks to the pan, just scrape and stir; it will add flavor to the dish. Bring to a boil and cook over high heat for 6 to 9 minutes, or as directed on the pasta package. If necessary, lower the heat or add more liquid.

You may cook it until it is very dry or leave a bit juicy, but always serve the pasta al dente. Let rest for 3 to 5 minutes before serving.

Note: The general rule is 1 part pasta to 2 parts liquid, but this varies with the type of pasta.

salt – sal
noodles – fideos

Fideuá de gambas

2/3 de taza (160 ml) de aceite de oliva virgen extra, más si se requiere

2/3 de taza (100 gr) de hinojo fresco cortado en dados

1 cebolla cortada en dados

1 taza (140 gr) de pimiento rojo cortado en dados

2 cucharaditas (12 gr) de sal, dividida

2 tomates maduros rallados

4 dientes de ajo picados

1½ tazas (300 gr) de gambas peladas de tamaño mediano o grande

2¼ de tazas (400 gr) de pasta para fideuá, fideos cortos, redondeados y huecos, u otro fideo fino a tu gusto

2 cucharaditas (5 gr) de pimentón dulce de la Vera o paprika

4 tazas (940 ml) de caldo de pescado, de verduras o agua

½ taza (75 gr) de guisantes frescos y pelados

⅛ de cucharadita de azafrán en polvo o un pellizco de azafrán en hilos

paellera de 16 pulgadas (40 cm)

Para 4 personas

La fideuá es originaria de Gandía, en la costa Levantina. El nombre viene de fideos, pasta corta y fina que se cocina en paella con pescado y marisco, y un buen caldo. Esta es mi propia receta, hecha un día en el que los niños invitaron bastantes amigos y los mercados estaban cerrados. No tenía pescado, solo unas gambas y otros restos. Ahora es uno de nuestros platos favoritos. Si no encuentras fideos, corta espaguetis en trozos cortos cualquier tipo de pasta corta te servirá, sólo adapta la cantidad de líquido y el tiempo de cocción.

Pon el aceite de oliva, el hinojo, la cebolla, el pimiento y 1 cucharadita (3 gr) de sal en la paella, y saltea durante unos 10 ó 12 minutos, o hasta que las verduras estén bien hecha y se empiecen a dorar.

Incorpora el tomate rallado y el ajo y fríe hasta que el agua se evapore.

Añade las gambas y fríe 1 minuto más, luego añade la pasta y fríe durante de 1 a 2 minutos más. Todos los ingredientes deberán quedar bien cubiertos de aceite, si fuera necesario, añade un poco más.

Añade el pimentón dulce (o la paprika) y mezcla con cuidado, no dejes que el pimentón se queme porque se amarga.

Inmediatamente añade el caldo hirviendo, los guisantes, el azafrán y la cucharadita (3 gr) del resto de sal, y mezcla bien repartiendo bien los ingredientes. Remueve la fideuá para que nada quede pegado al fondo. Cocina a fuego vivo de durante 6 a 9 minutos, o según las instrucciones del paquete. Si fuera necesario, baja el fuego o añade más líquido.

Se puede cocinar con más o menos líquido pero siempre 'al dente.' Deja reposar de 3 a 5 minutos antes de comer.

Nota: Generalmente la regla es 1 parte de fideos por 2 partes de líquido, pero esto varía dependiendo del tipo de pasta.

Homemade Meatballs

¾ ounce (20 g) hard bread or 1¾ ounces (50 g) fresh bread crumbs

¼ cup (60 ml) milk

¾ cup (120 g) minced fried onion, divided

1 small egg

3 tablespoons (12 g) minced parsley, divided, plus more for garnish

Salt and freshly ground pepper

1⅓ pounds (600 g) freshly minced veal

¼ cup (60 ml) extra-virgin olive oil, divided

3 tablespoons (24 g) grated carrot or 1 small carrot, peeled and grated

2 cloves garlic, minced

1 teaspoon flour

3 tablespoons (45 ml) amontillado or oloroso sherry wine

3 to 4 cups (705 to 940 ml) chicken stock or water

Serves 4

Meatballs can be made with different kinds of meat or bread, as well as parsley and seasonings according to your taste. You can add pitted green olives, baby mushrooms, or peas to the sauce. In some parts of Spain, they are cooked with squid. Just remember to add your extra ingredients when you pour the sauce over so that they cook together.

In a small bowl, soak the hard bread in the milk.

Place 2 tablespoons (20 g) of the fried onion in a bowl. Add the egg, soaked bread, 1½ tablespoons (6 g) of parsley, and ¼ teaspoon each, salt and pepper. Combine thoroughly and then add the meat. Mix well with your hands for at least 3 minutes. Taste for salt.

Shape meatballs with your hands into round balls, from 12 to 18, about the size of a walnut or larger.

Put 1 tablespoon (15 ml) of the olive oil in a pan and add the remaining 10 tablespoons (100 g) onion, carrot, and garlic and fry for 5 minutes. Add the flour and fry for another 3 minutes, stirring constantly with a wooden spoon. Add the wine, raise the heat to high, and bring to a boil for 1 to 2 minutes. Add 3 cups (705 ml) of the stock and some parsley and cook over gentle heat, covered, for 10 minutes. Transfer to a blender and process into a sauce.

In a separate pan, heat the remaining olive oil and fry the meatballs, shaking the pan vigorously, until they turn golden on all sides. Pour the sauce over the meatballs. Cook over gentle heat, covered, for 10 to 15 minutes occasionally shaking the pan so that the meatballs cook evenly. Check for salt and pepper and add more of the stock if needed.

Serve with homemade diced fries or boiled rice. Garnish with some extra minced parsley.

meatballs – albondigas

Albóndigas caseras

¾ de onza (20 gr) de pan duro o
1¾ onzas (50 gr) de miga fresca
de pan

¼ de taza (60 ml) de leche

¾ de taza (120 gr) de cebolla frita,
dividida

1 huevo pequeño

3 cucharadas (12 gr) de perejil picado,
divididas, y un poco más para adornar

Sal y pimienta recién molida

1⅓ de libras (600 gr) de carne de
ternera picada

¼ de taza (60 ml) de aceite de oliva
virgen extra, dividida

3 cucharadas (24 gr) de zanahoria
rallada o una pequeña pelada y rallada

2 dientes de ajo picados

1 cucharadita de harina

3 cucharadas (45 ml) de Jerez
amontillado u oloroso

3 a 4 tazas (705 a 940 ml) de caldo de
pollo o agua

Para 4 personas

Las albóndigas se pueden hacer con diferentes tipos de carne, más o menos pan, perejil, aderezos, según tu gusto. Puedes añadirles aceitunas deshuesadas a la salsa o champiñones pequeños, o guisantes. En algunas partes de España se hacen con calamar. Sólo recuerda añadir tus ingredientes extra junto con la salsa a las albóndigas para que se cuezan al mismo tiempo.

En un bol pequeño pon el pan duro a remojar con la leche.

Pon en un bol 2 cucharadas (20 gr) de la cebolla frita. Añade el huevo, el pan en remojo, 1½ cucharada (6 gr) del perejil y ¼ de cucharadita de sal y otro tanto de pimienta. Mezcla bien y añade la carne. Amasa y mezcla bien la carne con tus manos por lo menos 3 minutos. Comprueba el punto de sal.

Forma bolas redondas con tus manos, de 12 a 18, dependiendo del tamaño. Deben ser como una nuez o un poco más grandes.

Pon una cucharada (15 ml) del aceite de oliva en una sartén y añade las 10 cucharadas (100 gr) de cebolla que quedan, la zanahoria y el ajo, y fríe durante 5 minutos. Añade la harina y fríe 3 minutos más, removiendo sin parar con una cuchara de madera. Añade el vino y cuece a fuego alto hasta que hierva durante 1 ó 2 minutos. Añade 3 tazas (705 ml) de caldo o agua, la cucharada y media (6 gr) del resto del perejil, y cocina a fuego medio suave y tapado durante 10 minutos. Tritura la salsa en una batidora.

En otro cazo o sartén, calienta las 3 cucharadas (45 ml) del aceite de oliva restante y fríe las albóndigas sacudiendo la cazuela con energía para que se doren por todos lados. Vierte la salsa por encima de las albóndigas. Cocina a fuego suave, tapado durante 10 ó 15 minutos, meneando la cazuela de vez en cuando para que las albóndigas se cuezan por igual. Comprueba el punto de sal y pimienta y añade más caldo si fuera necesario.

Sírvelas con patatas fritas o arroz hervido. Adorna con perejil picado.

Stewed Round of Veal

¼ cup (60 ml) extra-virgin olive oil

2½ pounds (1.2 kg) round of veal or other similar braising meat

2 large onions, diced (1 pound, or 450 g)

3 carrots, diced or grated (12 ounces, or 350 g)

½ green bell pepper, diced (3½ ounces, or 100 g)

3 cloves garlic, minced

1 stalk celery, diced

½ cup (120 ml) white wine

5½ to 6 cups (1.3 to 1.4 L) water

1 bouquet garni of fresh thyme, rosemary, bay leaf, and parsley or a pinch of dried herbs to taste (rosemary, thyme, oregano, and sage)

2½ teaspoons (15 g) salt, divided

Freshly ground pepper

Minced parsley

Diced fried potatoes, for serving

Cooked peas, carrots, cauliflower florets, brussels sprouts, potatoes, mushrooms, or parsnips, for serving

Serves 6

Round of veal is a very practical piece of meat to cook. It can be roasted, braised, or cooked in a salt crust in the oven. If using beef, increase the cooking time. It can be served a cold meat, too. Slice paper-thin and serve with an herb mayonnaise and a potato salad for a delicious summer dish that can be prepared ahead. It also freezes very well.

Heat the olive oil in a pot that can fit the meat and sear the veal on all sides until golden. (This will take approximately 5 minutes over high heat.) Set the meat aside.

Add the onions, carrots, bell pepper, garlic, and celery to the pot and sauté for 10 minutes over medium-low heat.

Add the wine, cook for 3 minutes, and return the meat to the pot.

Cover with the water and add the bouquet garni and 2 teaspoons (12 g) of the salt. Bring to a boil, lower the heat, and simmer for 30 minutes. Turn the meat over and cook for 10 to 15 minutes longer. The meat does not need to be totally cooked through; the center part will remain a little pink.

Remove the bouquet garni, transfer the sauce to a blender, and process until smooth. No need to strain. Return the sauce to the pot, and add the remaining ½ teaspoon (3 g) salt if needed, and season with the pepper.

Let the meat rest for 10 to 15 minutes, and then slice very thinly. Serve hot with the sauce and a garnish of minced parsley, fried potatoes, and the vegetables of your choice. Try to mix vegetable colors for a more attractive presentation.

Note: You can garnish your dish with a medley of steamed or boiled vegetables or a Vegetable Medley (page 66) without the sauce.

carrot – zanahoria

Redondo de ternera estofado

El redondo de ternera es una pieza muy práctica para guisar. Se puede asar, brasear o cocer en costra de sal en el horno. Si utilizas buey, aumenta los tiempos de cocción. Se puede servir como plato frío, también. Córtalo en lonchas finísimas y sírvelo con mayonesa de hierbas y ensalada de patatas para un delicioso plato de verano que se puede preparar con antelación. Congela muy bien.

¼ de taza (60 ml) de aceite de oliva virgen extra

2½ libras (1.2 kg) de redondo de ternera u otra carne para estofar similar

2 cebollas grandes en trozos (1 libra o 450 gr)

3 zanahorias en trozos o ralladas (12 onzas o 350 gr)

½ pimiento verde en trozos (3½ onzas o 100 gr)

3 dientes de ajo picados

1 rama de apio picada

½ taza (120 ml) de vino blanco

5½ a 6 tazas (1.3 a 1.4 L) de agua

Un ramillete aromático con tomillo, romero, laurel, perejil, apio frescos o un pellizco de hierbas secas al gusto (romero, tomillo, orégano y salvia)

2½ cucharaditas (15 gr) de sal, divididas

Pimienta recién molida

Perejil picado

Papas fritas en trocitos como guarnición

Guisantes, zanahorias, floretes de coliflor, coles de Bruselas y patatas, champiñones o chirivías como guarnición

Para 6 personas

Calienta el aceite de oliva en un cazo del tamaño de la carne y dora la carne por todos lados. (Tardará unos 5 minutos a fuego vivo.) Reserva.

Añade las cebollas, las zanahorias, el pimiento y el apio a la cazuela y saltea 10 minutos a fuego medio suave.

Añade el vino, cuece 3 minutos y devuelve la carne al cazo.

Cubre con agua y añade el ramillete aromático y 2 cucharaditas (12 gr) de sal. Cuando empiece a hervir, baja el fuego y cocina a fuego suave 30 minutos. Da la vuelta a la carne y vuelve a cocer 10 a 15 minutos más. La carne no necesita estar totalmente cocida, el centro quedará rosado.

Retira el ramillete aromático si lo utilizas, vierte la salsa en la batidora y tritúrala hasta que esté muy suave. No es necesario colarla. Devuélvela al cazo, añade la ½ cucharadita (3 gr) del resto de sal y pimienta si es necesario.

Deja reposar la carne entre 10 a 15 minutos, córtala finamente. Sirve caliente con la salsa y una guarnición de patatas fritas y verduras a tu gusto. Intenta mezclar vegetales de diferentes colores en la guarnición para una presentación más atractiva.

Nota: una guarnición de verduras hervidas o al vapor quedará más atractiva si mezclas colores diferentes. También lo puedes servir con una Menestra (página 67) sin la salsa.

Iberian Pork Fillet

⅔ cup (50 g) raisins

1½ cups (355 ml) Pedro Ximénez
sweet sherry wine

4 tablespoons (60 ml) extra-virgin
olive oil, divided

2¼ pounds (1 kg) onions, thinly
julienned

1 teaspoon salt

2 pork fillets (about 14 ounces,
or 400 g, each)

½ cup (120 ml) Oloroso sherry wine

1 tablespoon (15 ml) sherry vinegar

Freshly ground pepper

1 teaspoon brown sugar

Flaky sea salt

Serves 4

Sherry is a traveling wine, one of the oldest in Europe. Three thousand years ago the Phoenicians, from present-day Lebanon, brought vine plants to a place in the south of the peninsula they called Xera. Sherry wines like oloroso and Pedro Ximenez, the sweetest of them all, are widely used in our cuisine. Alcohol disappears with cooking, but the wonderful aromas remain.

In a small bowl, soak the raisins in the Pedro Ximénez wine for 2 hours.

Place 2 tablespoons (30 ml) of the olive oil in a pot with the onions and the salt and put over high heat; cook for 10 minutes, stirring with a wooden spoon. Then lower the heat, cover, and allow to cook gently for 10 to 15 minutes longer.

Heat 2 tablespoons (30 ml) olive oil in a pan and sear the pork fillets until golden on each side. This should take 10 minutes or more.

Add the onions and deglaze the pan juices with the Oloroso wine. Cook for 2 to 3 minutes, until evaporated. Add the Pedro Ximénez wine with the raisins. Cook for 5 minutes, turn the meat over, and cook 5 minutes longer.

Add the vinegar, pepper, and sugar and cook for 3 to 5 more minutes. Keep warm until it is time to serve.

Spoon the sauce onto a warm serving dish, slice the meat diagonally, place over the sauce, and sprinkle with some salt flakes. Accompany with steamed or sautéed spinach or bitter greens, such as kale, and a roasted potato per person.

raisins – pasas

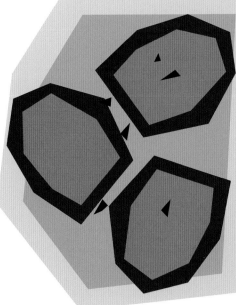

Solomillos de cerdo ibérico

⅔ de taza (50 gr) de pasas

1½ tazas (355 ml) de vino Jerez dulce Pedro Ximénez

4 cucharadas (60 ml) de aceite de oliva virgen extra, divididas

2¼ de libras (1 kg) de cebolla pelada y cortada en juliana fina

1 cucharadita de sal

2 solomillos de cerdo (aprox. 14 onzas, o 400 gr cada uno)

½ taza (120 ml) de vino Jerez Oloroso

1 cucharada (15 ml) de vinagre de Jerez

Pimienta recién molida

1 cucharadita de azúcar morena

Escamas de sal

Para 4 personas

El Jérez es un vino viajero, uno de los más antiguos de Europa. Hace unos 3.000 años, los Fenicios oriundos de lo que hoy es Líbano, trajeron las vides a la parte sur de la Península, que ellos llamaron Xera. Los vinos de Jerez como el Oloroso y el Pedro Ximenez, el más dulce de todos, se utilizan mucho en nuestra cocina. Con la cocción, desaparece el alcohol y perduran los maravillosos aromas.

En un bol pequeño, remoja las pasas en el vino Pedro Ximénez un par de horas.

Calienta en una sartén 2 cucharadas (30 ml) del aceite de oliva y añade las cebollas y una cucharadita de sal. Sofríe a fuego vivo durante 10 minutos, removiendo constantemente con una cuchara de palo, luego baja el fuego, tapa y cocina 10 ó 15 minutos más a fuego suave.

Calienta las 2 cucharadas (30 ml) de aceite de oliva restantes en una sartén y dora la carne por todos lados. Esto tardará unos 10 minutos o más.

Añade la cebolla y haz una salsa con los jugos de la sartén añadiendo el vino oloroso. Cuece 2 ó 3 minutos, hasta que se evapore el vino. Incorpora el vino Pedro Ximénez y las pasas. Cuece por 5 minutos, dale la vuelta a la carne y cuece otros 5 minutos.

Añade el vinagre, la pimienta y el azúcar y cocina durante otros 3 a 5 minutos. Mantén caliente hasta la hora de servir.

Dispón la salsa en una fuente de servir caliente, corta diagonalmente los solomillos y colócalos sobre la salsa. Espolvorea con escamas de sal y acompaña con espinacas salteadas o al vapor o cualquier otra verdura de hoja verde como la berza, y una patata asada por persona.

Chicken with Olives and Capers

1½ cups (150 g) pitted green olives

1½ tablespoons (12 g) capers in vinegar

3 tablespoons (45 ml) extra-virgin olive oil

4 to 6 chicken breasts (2¼ pounds, or 1 kg)

Salt and pepper

1 large onion or 2 small ones, finely minced

2 anchovies in olive oil, drained and minced

3 cloves garlic, minced, divided

½ cup (120 ml) oloroso or cream sherry wine

2½ cups (590 ml) good-quality chicken stock

1 bouquet garni with parsley stems, thyme, rosemary, and bay leaf

1 small piece orange peel

⅔ cup (180 ml) orange juice

1 tablespoon (15 ml) lemon juice

1 tablespoon (8 g) cornstarch

Fresh rosemary sprigs or minced parsley, for garnish

Serves 4

This recipe is from Andalucía in the south of Spain and is of a very old origin. The fish salting industry in Cádiz dates back more than three thousand years. Greeks and Romans widely used salted fish products as a seasoning in their cuisine. A condiment called garum, made from fermented salted fish, became the most expensive and sought-after ingredient in the Roman Empire. Following the path of our ancestors, you will find the combination of anchovies, sherry, olives, capers, and citrus fruit adds interest to the chicken.

In a small bowl, soak the olives and capers in fresh water for at least 30 minutes to clean away the excess salt and vinegar. Rinse and strain.

Heat the olive oil in a pan over high heat. Add the chicken and sear on all sides until golden. Season with salt and pepper and set aside.

Add the minced onion to the pan and fry until slightly golden, 5 to 6 minutes, and then add the chopped anchovies and 2 of the minced garlic cloves and fry for 1 to 2 minutes longer.

Add the sherry wine and boil for 2 to 3 minutes to evaporate the alcohol.

Add the chicken stock, bouquet garni, orange peel, and a little salt. Simmer over low heat for about 10 minutes. Return the chicken to the pan, cover, and simmer gently for 8 to 10 minutes.

In a small bowl, combine the orange and lemon juices, add the cornstarch and stir to dissolve, then add to the pan. Add the remaining clove of minced garlic, the olives and capers, and a sprig of fresh rosemary. Turn the chicken over and cook for 5 minutes longer, or until the sauce thickens.

At this stage, the pan should be shaken and not stirred. Check for salt and pepper and serve immediately with boiled potatoes sprinkled with sweet pimentón (or paprika).

chicken – pollo

Pollo con aceitunas y alcaparras

1½ tazas (150 gr) de aceitunas verdes deshuesadas

1½ cucharadas (12 gr) de alcaparras en vinagre

3 cucharadas (45 ml) de aceite de oliva virgen extra

4 a 6 pechugas de pollo (2¼ de libras o 1 kg)

Sal y pimienta

1 cebolla grande o 2 pequeñas finamente picadas

2 anchoas en aceite de oliva, escurridas y picadas

3 dientes de ajo picados, divididos

½ taza (120 ml) oloroso o crema de jerez

2½ tazas (590 ml) de caldo de pollo de buena calidad

1 ramillete aromático con perejil, tomillo, romero y hoja de laurel

1 trozo pequeño de cáscara de naranja

⅔ taza (180 ml) de zumo de naranja

1 cucharada (15 ml) de zumo de limón

1 cucharada (8 gr) de maicena

Unas ramas de romero fresco o perejil picado para adornar

Para 4 personas

Esta receta andaluza, del sur de España, tiene un origen antiguo. Hay fábricas de salazón en el litoral gaditano desde hace más de tres mil años. Tanto Griegos como Romanos, utilizaban el pescado en salazón en su cocina. Un condimento llamado garum, hecho con pescado salado y fermentado fue el ingrediente más preciado y más caro en el Imperio Romano. Siguiendo las huellas de nuestros antepasados, veréis que la combinación de anchoas, jerez, aceitunas, alcaparras y cítricos le confieren gran interés al pollo.

En un bol pequeño cubre las aceitunas y las alcaparras con agua fría por lo menos 30 minutos para retirar el exceso de sal. Lava y cuela.

Calienta el aceite de oliva en una sartén a fuego vivo. Dora las pechugas de pollo. Salpimienta y reserva.

Añade la cebolla picada a la sartén y saltea hasta que empiece a dorarse, unos 5 ó 6 minutos, luego incorpora las anchoas picadas y 2 dientes de ajo y sofríe 1 ó 2 minutos más.

Añade el Jerez y hierve 2 ó 3 minutos para evaporar el alcohol.

Agrega el caldo, el ramillete aromático, la cáscara de naranja y un poco de sal. Cuece a fuego suave durante 10 minutos. Pon de nuevo el pollo en la sartén, tapa y cuece a fuego suave de 8 a 10 minutos.

En un bol pequeño, mezcla el zumo de naranja y limón, y disuelve la maicena e incorpórala al guiso. Añade el diente de ajo restante, las aceitunas, las alcaparras y una ramita de romero. Dale la vuelta al pollo y cocina 5 minutos más, a fuego suave o hasta que la salsa espese.

En este punto, conviene no remover sino más bien menear la sartén. Comprueba el punto de sal y pimienta. Sirve inmediatamente con patatas cocidas espolvoreadas con pimentón dulce (o paprika).

Chicken in Pepitoria

1 whole chicken (about 4½ pounds, or 2 kg), cut into 8 pieces, or the same amount chicken thighs or legs for a more even cooking (preferably organic and free range)

1 teaspoon salt, plus more for seasoning chicken

Freshly ground pepper

¼ cup (60 ml) extra-virgin olive oil, divided

1 cup (120 g) blanched raw almonds

3 cloves garlic

1 large onion, minced

1 bay leaf

A small piece of cinnamon or cassia bark (½ x 1 inch, or 1 x 2 cm)

½ cup (120 ml) dry white wine or fine sherry wine

3 to 4 cups (705 to 940 ml) chicken stock

2 hard-boiled eggs, peeled, whites and yolks separated, divided

A pinch of saffron threads or ¼ teaspoon saffron powder

1 whole clove

¼ teaspoon white peppercorns

1 sprig parsley

3 tablespoons (12 g) chopped parsley

Serves 4 to 6

This is a traditional dish dating back to the Middle Ages and possibly of Arab origin. In our literature of the sixteenth and seventeenth centuries, it was very popular, as recorded by authors like Quevedo and Cervantes (in *Don Quixote*). Until very recently it was a classical wedding dish. Pheasant, turkey, geese, hen, lamb, or rabbit can be cooked pepitoria style. This dish is better the next day.

Season the chicken pieces with salt and pepper.

Put the olive oil, almonds, and garlic cloves in a small pan. Fry over medium heat, stirring constantly, until they turn golden. Be careful, because they can easily burn. Set aside.

Add the almond–garlic oil to a larger pot and sauté the chicken pieces on all sides until golden. Set aside.

Add the minced onion, bay leaf, and cinnamon and sauté for 5 to 6 minutes, or until the onion turns transparent.

Add the wine, cook for 2 to 3 minutes, then return the chicken to the casserole and cover with the stock. Add 1 teaspoon salt.

Simmer for 20 to 30 minutes. Cooking time will depend on the size and quality of the chicken pieces. Free-range poultry might take longer to cook, so adjust the cooking liquid if necessary.

In a mortar, place the fried garlic cloves, half the fried almonds, egg yolks, saffron, clove, peppercorns, parsley sprig, and a pinch of salt. Mash to a fine paste. Ladle out 1 cup (235 ml) of the cooking liquid into the mortar with the garlic paste, and stir to dissolve. Add back into the casserole. This can also be done in a food processor.

Allow 5 to 10 more minutes cooking time for the sauce to thicken. Remove the bay leaf and cinnamon. Transfer the sauce to a food processor, process to a smooth sauce, and then strain the sauce before serving.

Serve the chicken hot, garnished with almonds, egg whites, and chopped parsley. Serve with boiled rice sautéed with pine nuts and raisins.

chicken – pollo
egg – huevo

Pollo en pepitoria

1 pollo entero (aprox. de 4½ libras o 2 kg) cortado en 8 trozos, o la misma cantidad de muslos o contra-muslos para una cocción más uniforme (preferiblemente que sea ecológico y criado al aire libre)

1 cucharadita de sal, más la necesaria para aderezar el pollo

Pimienta recién molida

¼ taza (60 ml) de aceite de oliva virgen extra, dividida

1 taza (120 gr) de almendras crudas y peladas

3 dientes de ajo

1 cebolla grande picada

1 hoja de laurel

Pequeño trozo de canela en rama (½ × 1 pulgada o 1 × 2 cm)

½ taza (120 ml) de vino blanco o vino fino de jerez

3 a 4 tazas (705 a 940 ml) de caldo de pollo

2 huevos duros, pelados y con las yemas separadas de las claras, divididos

1 buen pellizco de azafrán en hebra o un ¼ de cucharadita de azafrán en polvo

1 clavo de especia

¼ de cucharadita de bolas de pimienta blanca

1 rama de perejil

3 cucharadas (12 gr) de perejil picado

Para 4 a 6 personas

Esta es una antigua receta que se remonta a la Edad Media y seguramente de origen árabe. Muy popular en nuestra literatura de los siglos XVI y XVII se menciona en obras de autores como Quevedo y Cervantes (en el Quijote). Hasta hace poco era un tradicional plato de boda. Faisán, pavo, oca, gallina, cordero y conejo se cocinan de la misma forma. Está mejor hecho la víspera.

Salpimentar el pollo.

Pon el aceite de oliva, las almendras y los dientes de ajo en una sartén pequeña. Fríe a fuego medio, revolviendo constantemente hasta que se doren. Cuidado, se queman con facilidad. Reserva.

Pon el aceite que quedó, en una cacerola más grande y dora los trozos de pollo. Reserva.

Añade la cebolla, la hoja de laurel y la canela, y saltea durante 5 ó 6 minutos o hasta que la cebolla esté transparente.

Incorpora el vino, cuece durante 2 ó 3 minutos, devuelve el pollo al cazo y cubre con caldo. Añade la cucharadita de sal.

Cocina a fuego suave durante unos 20 ó 30 minutos. El tiempo de cocción dependerá del tamaño y la calidad del pollo. Generalmente las aves criadas en libertad y los trozos grandes tardan más, si fuera necesario ajusta el tiempo y la cantidad de líquido.

En un mortero, coloca el ajo, la mitad de las almendras fritas, las yemas cocidas, el azafrán, el clavo, la pimienta, la rama de perejil y un pellizco de sal. Macera hasta obtener una pasta bien fina. Retira una taza (235 ml) del líquido en el mortero y añade la pasta de ajo. Revuelve y disuélvala. Regrésela al cazo. Esto también se puede hacer en la batidora.

Cuece 5 a 10 minutos más para que la salsa espese. Retira la hoja de laurel y la canela. Pon la salsa en la batidora y tritura hasta obtener una salsa suave; cuélala antes de servir.

Sirve el pollo bien caliente, adornado con almendras picadas, las claras de huevo y el perejil picado. Acompaña con arroz cubierto de pasas y piñones.

Hake in a Green Sauce

In 1723, Mrs. Larrea wrote a letter to a friend about a new culinary discovery. Today, hake in a green sauce is possibly our most popular fish dish. Hake is highly valued for its delicacy and texture. Green sauce is an emulsion of olive oil, fish juices, and garlic, seasoned with parsley—very simple, but unique in its result. Be careful to cook the garlic gently so that it retains its color. This is the secret of this dish.

4 thick hake fillets cleaned, boned, and skinned (about 5½ ounces, or 150 g each)

Salt and freshly ground pepper

2½ tablespoons (37 ml) extra-virgin olive oil

2 cloves garlic, minced

¾ tablespoon (6 g) all-purpose flour

¼ cup (60 ml) dry white wine

2 cups (470 ml) fish stock

½ cup (30 g) minced fresh parsley

Lemon wedges, for garnish

Steamed potatoes, for serving

Fish stock

1 pound (450 g) fish bones and head

2 cloves garlic, minced

A few parsley stems

1 bay leaf

Serves 4

Pat dry the fish fillets with paper towels. Season with salt and pepper. Set aside.

In a small to medium-size, nonstick pan, add the olive oil and minced garlic. Place over gentle heat for 30 seconds to 1 minute so the garlic's scent comes out, then place the flour in a small colander and shake over the pan to distribute evenly. Stir with a wooden spoon and cook over very gentle heat for 2 minutes. The garlic must not color. Add the white wine and cook for 1 more minute, stirring constantly.

Add 1½ cups (355 ml) of the fish stock and cook for 8 to 10 more minutes over medium heat. You will have a thick sauce. If it is too thick, add a little more of the remaining stock. Check for salt and pepper.

Add the fish fillets to the pan and poach over very gentle heat for 3 to 4 minutes on each side. Cooking time will depend on the thickness of the fillets. Add the minced parsley, pour some sauce over the fish fillets to distribute the parsley evenly, and cook for 5 to 10 seconds more. Turn the heat off. The parsley should not overcook or it will turn dark brown.

Serve immediately with lemon wedges and steamed potatoes.

Fish stock

Place the bones in a pot, cover with water, and bring to a boil over high heat. Skim off the scum from the surface, add the garlic, parsley, and bay leaf, and lower the heat. Cook for 20 to 30 minutes. Pour through a sieve into a clean pot.

Notes: You may add peas, green asparagus, clams, or steamed potatoes for a more substantial main dish. If you do not have fish stock, add water or vegetable stock; the fish will release its flavor into the sauce.

If you prefer cornstarch as a thickener, dissolve 1 teaspoon cornstarch in ½ cup (120 ml) cold stock and add to the pan when the fish is half cooked. Shake the pan to prevent lumps.

hake — merluza

Merluza en salsa verde

4 lomos de merluza, sin piel ni espinas, (aprox. 5½ onzas o 150 gr cada uno)

Sal y pimienta recién molida

2½ cucharadas (37 ml) de aceite de oliva virgen extra

2 dientes de ajo picados

¾ de cucharada (6 gr) de harina

¼ de taza (60 ml) de vino blanco seco

2 tazas (470 ml) de caldo de pescado (la receta se encuentra a continuación), divididas

½ taza (30 gr) de perejil fresco y picado

Gajos de limón para adornar

Patatas al vapor como guarnición

Caldo de pescado

1 libra (450 gr) de espina y cabeza de pescado

2 dientes de ajo picados

Unas ramas de perejil

1 hoja de laurel

Para 4 personas

En 1723 la Señora de Larrea le escribe a una amiga sobre un descubrimiento culinario: hoy la merluza en salsa verde es probablemente nuestro plato de pescado más popular. La merluza es muy valorada por su delicadeza y textura. La salsa verde es una emulsión de aceite, caldo de pescado, y ajo, aderezado con perejil, muy sencillo pero de un resultado único. Ten cuidado con el ajo pues apenas debe tomar color. Este es el secreto de este plato.

Seca el pescado con papel de cocina. Salpimienta ambos lados. Reserva.

En una sartén mediana antiadherente añade el aceite de oliva y el ajo picado. Pon a fuego suave, en unos 30 segundos o un minuto, el ajo desprende su aroma. En ese momento, pon harina en un colador pequeño y sacúdelo sobre el aceite para distribuirlo uniformemente. Revuelve con una cuchara de madera a fuego suave durante 2 minutos. El ajo no debe tomar color. Añade el vino blanco y cocina 1 minuto más, revolviendo continuamente.

Añade 1½ tazas (355 ml) de caldo y cuece a fuego medio 8 ó 10 minutos. Obtendrás una salsa algo espesa. Si está demasiado espesa, añade el resto del caldo. Salpimienta al gusto.

Incorpora los lomos de merluza a la sartén y escalfa a fuego muy suave de 3 a 4 minutos por cada lado. El tiempo de cocción dependerá del grosor de los lomos. Añade el perejil finamente picado meneando la sartén para regar el pescado con su salsa y distribuir uniformemente el perejil. Cocina 5 ó 10 segundos más. Apaga el fuego. El perejil no debe cocinarse demasiado o se pondrá marrón.

Sirve de inmediato con gajos de limón y patatas al vapor.

Caldo de pescado

Cubre las espinas y la cabeza de pescado con agua y lleva a ebullición a fuego alto. Retira la espuma, añade los dientes de ajo, el perejil y el laurel, y baja el fuego. Cuece de 20 a 30 minutos. Cuela en una olla limpia.

Notas: Puedes añadir guisantes, espárragos verdes, almejas o patatas cocidas para un plato de mayor consistencia. Si no tienes caldo de pescado, añade agua o caldo de verduras pues el pescado le dará sabor.

Si prefieres, puedes espesar esta salsa con maicena. Disuelve una cucharadita de maicena en media taza de caldo y añádela al pescado cuando esté a medio hacer. Mueve la cazuela para que no forme grumos.

Vegetables and Salads

Because of our Mediterranean climate, we enjoy a great abundance and variety of fruit, vegetables and pulses of the highest quality. We are great lovers of *de cuchara* (spoon dishes) and vegetable dishes of which we have a great selection. Some of these easily become a main course when protein is added.

As for our famous cold soups such as gazpacho, they can be eaten as a tapa, a starter, during the meal or at the end of it as in some parts of Andalucía.

salad – ensalada

Verduras y ensaladas

Debido a nuestro clima mediterráneo, disfrutamos de una enorme abundancia y variedad de frutas, verduras y legumbres de excelente calidad. Somos grandes amantes de los guisos o 'platos de cuchara' y de los de verduras, de los que tenemos una amplia selección. Algunos, fácilmente se convierten en plato principal al añadirle una proteína.

En cuanto a nuestras famosas sopas frías como el 'gazpacho' se pueden tomar como una tapa, un entrante, durante la comida o al final de la misma como se hace en algunas partes de Andalucía.

Stewed Lentils

1 pound (450 g) dried lentils

1 onion, diced

1 leek, white part only, cleaned and diced

2 carrots, peeled and sliced

1 stalk celery, diced

1 small turnip, diced

3 cloves garlic, sliced

1 large ripe tomato, peeled, seeded, and diced

1 meaty ham bone (optional)

2 chorizo sausages or other good-quality sausage thickly sliced (optional)

1 bay leaf

1 whole clove

Thyme

Parsley

10 to 12 cups (2.5 to 3 L) water

2 teaspoons (12 g) salt

2½ tablespoons (37 ml) extra-virgin olive oil

Serves 4

Lentil stew has been very popular since ancient times. In the Bible, Esau, son of Isaac, gave away his birthright—the right as the eldest son to all of his father's inheritance—to his brother Jacob for a plate of lentils.

Put all the ingredients in a pot except the olive oil. Bring to a boil over high heat. Skim off the scum that rises to the surface and lower the heat. Cover and simmer for 1 hour. Check for salt and add more if needed.

Remove the red fat on the surface with the help of a spoon and discard. Taste the lentils; depending on their size they might need more water and more cooking time.

Turn the heat off and add some very good olive oil. It gives a wonderful aroma to your stew. Check for salt and pepper and serve hot with good sourdough bread or boiled rice.

Notes: I like lentils with lots of vegetables, so at home I cook lentils with fennel, kohlrabi, Swiss chard, parsnips, pumpkin, and celeriac. When done, I set part of it aside for myself. With the other half I add sliced chorizo sausage for the family, and cook for 10 to 15 minutes longer for the flavor to blend, so everyone is happy.

Leftover lentils make an excellent soup. Take 1 cup (250 g) lentil stew and add 2 to 3 cups (470 to 705 ml) milk, salt, and pepper, process in a food processor, and then heat and serve with fried croutons.

lentils – lentejas

Lentejas estofadas

- 1 libra (450 gr) de lentejas
- 1 cebolla en dados
- 1 puerro, la parte blanca únicamente, limpio y picado
- 2 zanahorias peladas y cortadas en rodajas
- 1 rama de apio picada
- 1 nabo pequeño picado
- 3 dientes de ajo fileteados
- 1 tomate maduro sin piel ni semillas, cortado en dados
- 1 hueso de jamón (facultativo)
- 2 chorizos o cualquier otra salchicha de buena calidad (facultativo)
- 1 hoja de laurel
- 1 clavo de especia
- Tomillo
- Perejil
- 10 a 12 tazas (2.5 a 3 L) de agua
- 2 cucharaditas (12 gr) de sal
- 2½ cucharadas (37 ml) de aceite de oliva virgen extra

Para 4 personas

Las lentejas estofadas son muy populares desde los tiempos antiguos. En la Biblia Esau, hijo de Isaac, cedió su primogenitura, el derecho del hijo mayor a toda la herencia, a su hermano Jacob por un plato de lentejas.

Pon todos los ingredientes en un cazo excepto el aceite de oliva y pon a hervir a fuego alto. Baja el fuego y retira la espuma que salga. Tapa y cuece a fuego suave, durante 1 hora. Comprueba el punto de sal y añade más si fuera necesario.

Retira la grasa de la superficie con la ayuda de una cuchara. Prueba las lentejas, dependiendo de su tamaño pueden necesitar más tiempo de cocción y más agua.

Apaga el fuego y añade un buen aceite de oliva. Esto le imparte un gran aroma. Comprueba la sal y la pimienta, y sirve caliente con un buen pan o arroz cocido.

Notas: Prefiero las lentejas vegetales. En casa cocino un kilo de lentejas con muchas verduras como hinojo, colinabo, acelga, chirivía, calabaza, bulbo de apio y cuando están hechas, reservo la mitad para mí. En la otra mitad, añado el chorizo en rodajas para la familia y lo dejo cocer 10 ó 15 minutos más para que se mezclen los sabores y ¡todos contentos!

Las lentejas sobrantes hacen una sopa excelente. Tritura en la batidora 1 taza (250 gr) de lentejas por 2 ó 3 de leche, sal y pimienta; calienta y sirve con curruscos de pan frito.

Potatoes Rioja Style

- 1 choricero dried pepper or 1 teaspoon sweet pimentón de la Vera (paprika)

- 6 starchy potatoes (2¾ pounds, or 1.3 kg)

- 3 chorizo sausages (½ pound, or 280 g)

- 2 tablespoons (30 ml) extra-virgin olive oil

- 1 green bell pepper, seeded and minced

- 1 large onion, minced

- 4 cloves garlic, minced

- 2 bay leaves

- 7 cups (1.6 L) water

- Thyme

- Salt

- 1 tablespoon (4 g) minced parsley, for garnish

Serves 4

A very popular country dish, this is the flagship of Riojan cuisine. It is simple and easy to feed large gatherings. Find a good chorizo sausage and extra-virgin olive oil. Break the potatoes instead of cutting them so that they will release their starch and thicken the sauce. Some like to add a very mature peeled, seeded, and minced tomato.

Remove the seeds and stem from the dried pepper. Soak the pepper in warm water for 30 minutes to 1 hour. Remove the flesh and discard the peel.

Peel and cut the potatoes into big irregular chunks so more starch is released. Set aside in cold water. Slice the chorizo sausage.

Add the oil to a pan and fry the bell pepper, onion, and garlic for about 8 minutes, or until the onion is transparent and well cooked.

Add the sliced chorizo sausage and fry for 2 to 3 minutes, or until it releases the fat. Add the potatoes and bay leaves, stir for 2 minutes, then add the dried pepper or pimentón (paprika) and cover with the water. Season with salt. Bring the water to a boil and simmer for 30 to 40 minutes. The sauce should have a creamy consistency, thickened by the potato starch.

Check for salt, skim the fat off the stew, and remove the bay leaves. Serve hot, garnished with the parsley. A poached egg might be added for a more substantial meal.

Note: Mashed leftover potatoes over bread make a great tapa when grilled with cheese or with a fried egg on top.

bay leaves – laurel

Patatas a la riojana

1 pimiento 'choricero' o 1 cucharadita
de pimentón dulce de la Vera,
o paprika

6 patatas, preferiblemente de las que
sueltan almidón (2¾ de libras
o 1.3 kg)

3 chorizos (½ libra o 280 gr)

2 cucharadas (30 ml) de aceite de oliva
virgen extra

1 pimiento verde sin semilla y picado

1 cebolla grande picada

4 dientes de ajo picado

2 hojas de laurel

7 tazas (1.6 L) de agua

Tomillo

Sal

1 cucharada (4 gr) de perejil picado
para adornar

Para 4 personas

Un gran guiso de campo, plato estrella de la cocina riojana, sencillo y ¡fácil para alimentar a mucha gente! Busca un buen chorizo y un buen aceite de oliva. Casca o rompe las patatas en lugar de cortarlas para que liberen su almidón y espesen la salsa. Algunos añaden un tomate muy maduro, pelado, sin semillas y picado.

Retira las semillas y el rabo del pimiento choricero. Ponlo a remojar en agua templada de media a una hora. Recupera la carne y tira la piel.

Pela las patatas y cáscalas en trozos grandes irregulares para que suelten más almidón. Reserva en agua fría. Corta el chorizo en rodajas.

En una sartén añade el aceite y fríe el pimiento, la cebolla y el ajo unos 8 minutos, o hasta que la cebolla esté transparente y bien cocinada.

Añade el chorizo en rodajas y fríe 2 ó 3 minutos más o hasta que suelte su grasa. Añade las patatas, las hojas de laurel, remueve 2 minutos, luego, añade el pimentón choricero o el pimentón dulce (o la paprika) y cubre con agua. Adereza con sal. Cuando hierva, baja el fuego y cuece a fuego suave durante unos 30 ó 40 minutos. La salsa deberá tener una consistencia cremosa, espesada por el almidón de la patata.

Comprueba el punto de sal, retira parte de la grasa, las hojas de laurel y sirve caliente adornado con el perejil. Le puedes añadir un huevo escalfado para una comida más sustanciosa.

Nota: Si sobran patatas, se pueden aplastar y servir sobre pan con un huevo frito encima o gratinadas con queso rallado.

Vegetable Stew

1 teaspoon salt

1 eggplant, peeled and diced

¼ teaspoon salt

¼ cup (60 ml) extra-virgin olive oil

1 onion, diced

1 green bell pepper, seeded and diced

1 red bell pepper, seeded and diced

1 zucchini, unpeeled, diced

2 cups (380 g) diced pumpkin

6 ripe tomatoes, peeled, seeded, and diced, or 14 ounces (400 g) fried tomato sauce

2 cloves garlic, minced

½ teaspoon cumin seeds or powder (optional)

1 bouquet garni of bay leaf, thyme, parsley, and rosemary or dried herbs to your taste

½ teaspoon sugar

2 tablespoons (8 g) minced fresh parsley

Serves 4

Legend has it that this dish was served at the wedding of Arab princess Al Burun to Bagdad caliph Al Mamum (786-833), the greatest patron of science and philosophy in the history of Islam and the son of Harun Al Rashid, famous for the fairy tales of the Arabian Nights. In the time of Al Mamun lived the famous mathematician Al Khwarizmi, who is still celebrated to this day in the word algorithms, derived from his name.

Add a little salt to the eggplant, mix with your hands, place over a colander, and let it "cry its bitterness out" for about 20 minutes. Discard the water.

In a small pan, heat some of the olive oil and sauté the vegetables separately, except the tomato, until all are finished. Remember to add a little oil with every vegetable. Each will take about 5 minutes over medium-high heat, except the pumpkin, which will take a little longer. When each batch is cooked, put in a larger pot.

Sauté the tomato and garlic until most of the liquid has evaporated. Add to the pot. Add the salt, cumin, bouquet garni, sugar, and parsley and simmer gently for 15 to 20 minutes for the flavors to blend. Check salt before serving. Remove the bouquet garni before serving.

eggplant – berenjena

Notes: You may also add a pinch of paprika, 1 teaspoon sweet sherry vinegar, or ½ cup (120 g) cooked chickpeas.

This is a great accompaniment for meat and fish. As a main course, add fried or poached eggs and serve with rice. It also makes a great sauce for pasta and can be eaten hot or cold.

Alboronía

1 cucharadita de sal

1 berenjena, pelada y cortada en dados

¼ de cucharadita de sal

¼ taza (60 ml) de aceite de oliva
virgen extra

1 cebolla cortada en dados

1 pimiento verde sin semillas y cortado
en dados

1 pimiento rojo sin semillas y cortado
en dados

1 calabacín sin pelar cortado en dados

2 tazas (380 gr) de calabaza cortada
en dados

6 tomates maduros, pelados, sin semillas
y cortados en dados o 14 onzas (400 gr)
de tomate frito

2 dientes de ajo picados

½ cucharadita de comino en semillas
o en polvo (facultativo)

1 ramillete aromático con hoja de laurel,
tomillo, perejil, romero o hierbas
aromáticas secas al gusto

½ cucharadita de azúcar

2 cucharadas (8 gr) de perejil fresco
picado

Para 4 personas

Cuenta la leyenda que se sirvió en la boda de la princesa árabe Al Burun, esposa del Califa Al Mamun (786-833) e hijo de Harun al Rashid, famoso por los cuentos de las Mil y una Noches. En tiempos de Al Mamun, época del mayor esplendor de la ciencia y filosofía en la historia del Islam, vivió el famoso matemático Al Khwarizmi al que seguimos recordando hoy con la palabra 'algoritmo' que viene de su nombre.

Añade un poco de sal a las berenjenas, mezcla con las manos, pon en un colador y deja que "lloren" su amargor durante unos 20 minutos. Tira el agua resultante.

En una sartén pequeña, añade un poco del aceite de oliva y saltea las verduras por separado, excepto el tomate, hasta que estén hechas. Recuerda añadir un poco de aceite con cada vegetal. Cada una tardará unos 5 minutos a fuego medio alto, salvo la calabaza que tardará algo más. Cuando estén hechas, pasa a un cazo mayor.

Saltea el tomate y el ajo hasta que se evapore casi todo el líquido echalo al cazo. Añade la sal, el comino, el ramillete aromático, el azúcar y el perejil y cuece a fuego suave durante unos 15 ó 20 minutos para que los sabores se mezclen. Retira el ramillete aromático antes de servir.

Notas: Se le puede añadir un pellizco de paprika, una cucharada de vinagre dulce de Jerez o ½ taza (120 gr) de garbanzos cocidos.

Es un gran plato para acompañar carnes y pescados. Como plato principal, se toma con huevos fritos o escalfados y arroz. Se puede usar como una gran salsa para pasta, se puede tomar frío o caliente.

Country Potato Salad

2¼ pounds (1 kg) new potatoes

Salt

7 ounces (200 g) minced scallion or onion

1 red bell pepper, seeded and diced

1 green bell pepper, seeded and diced

1 tomato, peeled, seeded, and diced

¾ cup (180 ml) extra-virgin olive oil

2 tablespoons (8 g) minced parsley, divided

¼ cup (60 ml) sherry vinegar

Serves 4

Potatoes, tomatoes, and peppers found their way to our Spanish kitchens after the discovery of the New World. Olive oil, vinegar, tuna fish, and onion have been in our diet for thousands of years. This is a real fusion dish and an extremely popular salad all over Spain. You can also dice the potatoes, if you prefer.

Wash the potatoes, but do not peel. Add to a pot with abundant salted water and cook for 20 to 25 minutes. Drain and set aside.

In a bowl, combine the scallion, peppers, tomato, salt, olive oil, 1 tablespoon (4 g) of the parsley and the vinegar. While the potatoes are still warm, peel, slice thickly, and place on a serving platter. Pour the vegetable dressing over while still warm. After 2 or 3 minutes mix carefully or shake so as not to break the potatoes.

Garnish with the remaining 1 tablespoon (4 g) parsley. Serve at room temperature.

Note: For a more substantial meal, you may add 3 hard-boiled eggs, peeled and cut into 4 slices each; some well-drained Pickled Tuna Fish (page 20); and some black olives.

potato – patata
vinegar – vinagre
country – campera

Ensalada campera

2¼ de libras (1 kg) de patatas nuevas

Sal

7 onzas (200 gr) de cebolletas tiernas o cebolla finamente picadas

1 pimiento rojo sin rabo ni semillas y cortado en dados

1 pimiento verde sin rabo ni semillas y cortado en dados

1 tomate sin piel ni semillas y cortado en dados

¾ de taza (180 ml) de aceite de oliva virgen extra

2 cucharadas (8 gr) de perejil picado, divididas

¼ de taza (60 ml) de vinagre de jerez

Para 4 personas

Patatas, tomates y pimientos llegaron a nuestra cocina tras el descubrimiento del Nuevo Mundo. El aceite de oliva, el vinagre, la cebolla y el atún son parte fundamental de nuestra dieta milenaria. Este es un auténtico plato de cocina fusión y una ensalada muy popular en toda España. Puedes cortar las patatas en dados si lo prefieres.

Lava las patatas y ponlas a cocer con su piel en un cazo cubiertas con agua y sal de 20 a 25 minutos. Escurre y reserva.

En un bol, mezcla las cebolletas, los pimientos, el tomate, la sal, el aceite de oliva, 1 cucharada (4 gr) del perejil y el vinagre. Aún calientes, pela las patatas, corta en rodajas gorditas y coloca en una fuente de servir. Cubre con el aliño mientras están templadas. Pasados 2 ó 3 minutos, remueve con cuidado o sacude la fuente para que no se rompan.

Adorna con 1 cucharada (4 gr) del resto de perejil. Sirve a temperatura ambiente.

Nota: Para un plato más consistente, le puedes añadir 3 huevos duros pelados y cortados en cuatro rebanadas, Bonita en escabeche (página 21) bien escurrido y algunas aceitunas negras.

Cold Vegetable Soup

2¼ pounds (1 kg) peeled and seeded tomatoes

2 cloves garlic, peeled

3½ ounces (100 g) peeled and seeded cucumber (optional)

3½ ounces (100 g) red bell pepper

2 to 4 slices day-old bread

1 cup (235 ml) extra-virgin olive oil

3 to 4 tablespoons (45 to 60 ml) sherry vinegar

Salt

A pinch of ground cumin (optional)

Diced onion, cucumber, tomato, and green and red pepper, and cubed bread or croutons, for garnish

Serves 8

Originally made with bread, olive oil, vinegar, garlic, and salt mashed in a mortar, this soup is one of our most universal dishes. Considered by some a gastronomic masterpiece, it is the result of the wise handling of excellent local ingredients: the Mediterranean trilogy—wheat, olives, and grapes. This very refreshing soup can be a meal in itself or a tapa. There are hundreds of amazing varieties, four of which are below. Always remember to remove the germ of the garlic clove.

Process the vegetables and bread in a blender. Season to taste with olive oil, vinegar, salt, and cumin and serve ice cold with the garnishes on the side.

Variations

If you substitute one-third of the tomatoes for watermelon you will have a delicious watermelon gazpacho to be served with diced pickled herring and/or diced avocado.

To make cherry or strawberry gazpacho, substitute 15 to 20 percent of the tomatoes for fruit.

To make beetroot gazpacho, add a small cooked beet or half of a large one to the recipe. These gazpachos might need a little more salt to balance the sweetness.

To make Pipirrana: For a different soup, dice all the ingredients, except the bread, into small pieces. Add garnishes, season, and combine. Season to taste and add a few ice cubes to chill. Serve cold. This is called "pipirrana." It is even more refreshing with mint leaves.

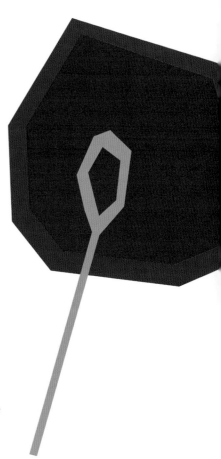

cucumber – pepino

Gazpacho

2¼ de libras (1 kg) de tomates pelados y sin semillas

2 dientes de ajo pelados

3½ onzas (100 gr) de pepino sin piel ni semillas (facultativo)

3½ onzas (100 gr) de pimiento rojo

2 a 4 rebanadas de pan del día anterior

1 taza (235 ml) de aceite de oliva virgen extra

3 a 4 cucharadas (45 a 60 ml) de vinagre de Jerez

Sal

Un pellizco de comino (facultativo)

Dados de cebolla, tomate, pimiento rojo y verde, pepino, pan o dados de pan frito como guarnición

Para 8 personas

Originalmente preparado con pan, aceite de oliva, vinagre, ajo y sal, majado en mortero, esta sopa es uno de nuestros platos más universales. Considerada por muchos como un monumento gastronómico, es el resultado de un sabio manejo de excelentes ingredientes locales. La trilogía mediterránea: trigo, aceitunas y uva. Sopa refrescante, plato principal o 'tapa', hay cientos de increíbles variedades, cuatro de ellas se encuentran a continuación. Recuerda que siempre hay que retirar el germen del diente de ajo.

Triturar las verduras y pan en una batidora. Aderezar con aceite de oliva, vinagre, sal y comino y servir muy frío con la guarnición aparte.

Variaciones

Si sustituyes ⅓ de los tomates por sandía, obtendrás un delicioso gazpacho de sandía para servir con dados de arenque en vinagre y/o aguacate en dados.

Si haces gazpacho de cerezas o fresas, solo hay que sustituir un 15 ó 20 por ciento de los tomates.

Si haces gazpacho de remolacha, añade una pequeña remolacha cocida o la mitad de una grande. Estos gazpachos necesitan algo más de sal para contrarrestar el dulzor.

Para hacer la pipirrana: Para una sopa distinta, corta en dados pequeños todos los ingredientes menos el pan. Añade un poco de agua o hielo, añade la guarnición, aderiza y mezcla. Sirve muy frío. Esto se llama 'pipirrana'. Con unas hojas de hierbabuena resulta aún más refrescante.

Vegetable Medley

6 artichokes

1 pound (450 g) Swiss chard (only the stems, keep the leaves for another use)

7 ounces (200 g) green beans or sweet peas

4 tender young carrots

½ head cauliflower, cut into bite-size florets

1 pound (450 g) fresh sweet peas or 2 cups (260 g) frozen

1 bunch green asparagus

Salt and freshly ground pepper

2 cups (470 ml) vegetable stock from cooking the vegetables

4 tablespoons (60 ml) extra-virgin olive oil

3 tender new onions, white part only, finely minced (about 1½ cups, or 240 g)

2½ ounces (75 g) Iberian ham, minced

1 tablespoon (8 g) cornstarch

Minced parsley

Serves 6

This is a spring dish, when all new vegetables are in season. Use as many as you want. It can be eaten with a poached egg on top for a more substantial dish. If you are a vegetarian, discard the ham in this recipe and add a couple of minced garlic cloves when sautéing the onion. It will be just as good.

Clean, peel, and cut the vegetables. Cut flat green beans in half lengthways and then into 2 or 3 parts.

Cook the vegetables separately in boiling salted water until almost done: artichokes and Swiss chard, 6 to 8 minutes; green beans, 3 to 4 minutes; carrots, 3 to 4 minutes; cauliflower, 3 minutes; peas, 1 minute; and asparagus, 1 minute. It all depends on the freshness of the vegetable and the size of the cut.

Drain, cool, and place all vegetables in a casserole. Measure out 2 cups (470 ml) of the boiling liquid and set aside.

In a small skillet, heat the olive oil and sauté the onions over low heat until transparent, 6 to 8 minutes, then add the ham and stir fry for 1 minute longer. Add 1½ cups (355 ml) of the vegetable cooking liquid and raise the heat.

Dissolve the cornstarch in the remaining ½ cup (120 ml) cooking liquid and add to the skillet. Boil for 1 minute.

Pour the sauce over the vegetables, and cook 3 to 5 minutes, covered. Shake the casserole, rather than stirring, so that the vegetables do not break. Check the seasoning. Add more vegetable liquid if needed.

Garnish with the minced parsley and serve hot.

lentils — lentejas

Menestra

6 alcachofas

1 libra (450 gr) de acelgas (solo los tallos, guarda las hojas para otro uso)

7 onzas (200 gr) de judías verdes o guisantes frescos

4 zanahorias tiernas

½ coliflor en floretes

1 libra (450 gr) de guisantes frescos o 2 tazas (260 gr) congelados

1 manojo de espárragos verdes

Sal y pimienta recién molida

2 tazas (470 ml) del caldo de las verduras

4 cucharadas (60 ml) de aceite de oliva virgen extra

3 cebolletas tiernas, la parte blanca solamente y finamente picada (aprox. 1½ tazas o 240 gr)

2½ onzas (75 gr) de jamón ibérico picado

1 cucharada (8 gr) de maicena

Perejil picado

Para 6 personas

Este es un plato de primavera cuando las verduras empiezan a aparecer en el mercado. Utiliza cuantas quieras. Se puede tomar con un huevo escalfado para darle más consistencia. Si eres vegetariano, no le pongas jamón a este plato. Sustitúyelo por dos dientes de ajo picados en el sofrito de cebolla. Estará igual de bueno.

Lava, pela y trocea las verduras. Corta las judías verdes en dos a lo largo y luego en 2 ó 3 trozos.

Cuece las verduras por separado en agua hirviendo con sal hasta que estén casi hechas: las alcachofas y las acelgas tardan 6 a 8 minutos; las judías verdes 3 a 4 minutos; la zanahoria 3 a 4 minutos; la coliflor 3 minutos; los guisantes 1 minuto; y los espárragos 1 minuto. Todo depende de su frescura y tamaño.

Escurre, enfría y coloca todas las verduras en una cazuela. Aparta y reserva 2 tazas (470 ml) del caldo do cocer la verduras.

En una pequeña sartén, calienta aceite de oliva y sofríe la cebolla a fuego suave hasta que esté transparente, de 5 a 8 minutos. Añade el jamón y sofríe 1 minuto más. Añade 1½ tazas (355 ml) de caldo de verduras y sube el fuego.

Disuelve la cucharada de maicena en ½ taza (120 ml) del caldo restante e incorpora a la salsa. Hierve durante 1 minuto.

Vierte la salsa sobre la verdura, y cuece 3 a 5 minutos tapado. Menea la cazuela en vez de revolver para que las verduras no se rompan. Comprueba el punto de sal y pimienta. Añade más caldo si es necesario.

Adorna con perejil picado por encima y sirve bien caliente.

Cheese-Stuffed Piquillo Peppers

24 Piquillo peppers (3 cans or jars)

14 ounces (400 g) cured Manchego cheese

½ cup (80 g) fried onion

½ cup (122 g) tomato sauce

1½ cups (356 ml) vegetable stock

A pinch of saffron threads

2 tablespoons (8 g) minced parsley, divided

1½ tablespoons (12 g) pine nuts or chopped almonds

Salt and pepper

Serves 6

Manchego cheese comes from the plains of central Spain, the area known as Castilla-La Mancha. It is our most popular pressed cheese and is made with milk from Manchego ewes. This area is also famous for its saffron, considered to be the best in the world. Piquillo peppers are a specialty from Navarra, in the North of Spain. For this recipe we will need a cured or aged cheese that does not melt too easily.

Preheat oven to 425°F (220°C or gas mark 7).

Drain peppers and reserve the liquid.

Remove the crust from the cheese and slice in triangles of about ⅛ inch (35 mm). Fill all of the peppers with cheese, being careful that no cheese sticks out of the pepper. You may need to adapt the size of the cheese pieces to the size of the pepper. Place stuffed peppers on an oven-proof serving platter.

Put the fried onion, tomato sauce, stock, pepper liquid, saffron, and half of the parsley in a blender and season to taste with salt and pepper. Process until very fine and pour over the peppers. Sprinkle some pine nuts or chopped almonds on top. Place in a hot oven for 20 to 30 minutes.

Garnish with parsley and serve as a main dish with some rice and sautéed spinach on the side. This dish can also be served as a tapa.

cheese - queso

Pimientos del piquillo rellenos de queso

24 pimientos del piquillo (3 latas o tarros)

14 onzas (400 gr) de queso manchego curado

½ taza (80 gr) de cebolla frita

½ taza (122 gr) de salsa de tomate

1½ tazas (356 ml) de caldo de verduras

1 pellizco de hebras de azafrán

2 cucharadas (8 gr) soperas de perejil picado

1½ cucharadas (12 gr) soperas de piñones o almendra troceada o laminada

Sal

Pimienta recién molida

Para 6 personas

El queso de oveja manchego, nuestro queso de pasta dura más conocido, es originario de las llanuras castellano-manchegas. Necesitaremos un queso curado que no se derrita fácilmente. La región de La Mancha es también famosa por su excelente azafrán, considerado el mejor del mundo. Los Piquillos son una especialidad de Navarra, en el Norte de España.

Precalienta el horno a 220ºC (425ºF o gas 7).

Escurrier los pimientos y reserva el líquido.

Quita la corteza del queso y corta en triángulos de unos 30-35 mm o ⅛ de pulgada. Rellena los pimientos cuidando de que no sobresalga queso. Seguramente necesitarás adaptar los trozos de queso al tamaño del pimiento. Coloca los pimientos rellenos en una fuente de horno.

Pon en la batidora cebolla frita, salsa de tomate, caldo de verduras y de pimientos, hebras de azafrán, la mitad del perejil y sazona al gusto con sal y pimienta. Tritura finamente y vierte sobre los pimientos. Distribuye los piñones o almendras y mete al horno durante unos 20 ó 30 minutos.

Antes de servir, decora con perejil picado. Se puede servir como plato principal acompañado de arroz blanco y espinacas hervidas o salteadas. También se puede servir como una tapa.

May Your Life be Sweet

"May your life be sweet," or "Live sweetly," are Sephardic greetings, as well as an expression of thanks to someone who offers you sweets.

In Spain, every region, city, village, and even saints are celebrated with their own specific sweet. During the festivities of the Madrid patron saint, San Isidro, *rosquillas* (a kind of donut), can be found in every pastry shop. Turrón is a Christmas sweet made with sugar, honey, and almonds. Buñuelos de Viento or wind puffs and Huesos de Santo or holy bones are the popular sweets eaten during All Saints Day. We also have a very large variety of sweets made with eggs. Especially famous are the Yemas de Santa Teresa of Avila (egg yolks and sugar). The Suspiros are made with the remaining egg white, sugar, and almonds. Volumes could be written on Spanish sweets, so I hope you enjoy this selection.

sweet – dulce

Dulce lo vivas

Es una expresión Sefardí de agradecimiento a quien te ofrece algo dulce.

En España cada región, ciudad o pueblo, cada festividad religiosa y muchos santos son celebrados con dulces propios. En Madrid durante las fiestas de nuestro patrón San Isidro, las famosas rosquillas del Santo se encuentran en todas las pastelerías. El turrón se toma únicamente en Navidad y los buñuelos y huesos de santo son propios de la festividad de Todos los Santos. Tenemos también una gran variedad de dulces hechos con huevos: todo tipo de yemas, cremas cuajadas, natillas, flanes, merengues, suspiros de clara… Y los famosos dulces de almendra y los fritos de sartén de origen árabe y judío. Muchos volúmenes se podrían escribir sobre nuestra repostería, por ello espero que disfrutéis esta selección.

Santiago Almond Cake

4 large organic eggs

A pinch of salt

Grated zest of 1 organic orange

Grated zest of 1 organic lemon

1¼ cups (250 g) granulated sugar

2 cups (250 g) almond meal

Confectioners' sugar, for serving

Serves 6

This cake celebrates Saint James, patron saint of Spain. According to legend, the Apostle Saint James the Elder is buried in the Galician city of Santiago de Compostela. For more than a thousand years people from all over the world have walked the pilgrimage route to this marvelous city to visit the saint's tomb in the cathedral and obtain the saint's blessings.

almond – almendra

Preheat the oven to 425°F (220°C, or gas mark 7).

Line a 10-inch (24 cm) cake pan with parchment paper, as this is a very sticky cake.

In a bowl, beat the eggs, add the salt, orange zest, lemon zest, and granulated sugar and mix well. Then add the almond meal and stir to combine.

Pour the mixture into the pan and bake for 15 to 20 minutes. We like it slightly soft in the middle but cook to your taste.

Cool, transfer to a serving platter, and sprinkle with confectioners' sugar. In Spain it is easily recognizable because the Saint James cross is stenciled on the cake.

Note: I like to mix in different nuts, such as coconut flakes and almonds, and also stuff it with lemon curd and red berries. Occasionally, I like to add ¼ cup (30 g) dried cranberries, which give a nice acidity to the cake.

Tarta de Santiago

4 huevos ecológicos grandes

1 pellizco de sal

Ralladura de 1 naranja ecológica

Ralladura de 1 limón ecológico

1¼ tazas (250 gr) de azúcar

2 tazas (250 gr) de almendra en polvo

Azúcar glass para servir

Para 6 personas

Esta tarta celebra a Santiago, patrón de España. Según la leyenda, el Apóstol Santiago el Mayor está enterrado en Galicia en la ciudad de Santiago de Compostela. Durante más de mil años, gente de toda Europa ha peregrinado por el camino de Santiago, a la maravillosa ciudad, a visitar la tumba del Santo en la catedral, para obtener sus bendiciones.

Precalienta el horno a 220°C (425°F o gas 7).

Cubre un molde de 10 pulgadas (24 cm) con papel de hornear, de lo contario la tarta se pegará.

En un bol, bate los huevos, añade la sal, la ralladura de naranja y limón, y el azúcar y mezcla bien. Luego, incorpora la almendra en polvo y mézclalo bien.

Vierte la mezcla en el molde y hornea por 15 ó 20 minutos. Nos gusta ligeramente suave en el centro pero hazla a tu gusto.

Deja enfriar, pon en una fuente de servir y espolvorea con azúcar glas. En España es fácilmente reconocible por el dibujo de la cruz de Santiago en el centro.

Nota: Me gusta mezclar diferentes nueces como coco en escamas y almendra, y también rellenarla con crema de limón y frutos rojos. De vez en cuando me gusta añadirle ¼ de taza (30 gr) de arándanos secos que le dan una agradable acidez.

Chocolate and Churros (Fritters)

Chocolate

2 cups (470 ml) milk

7 ounces (200 g) dark chocolate (70% cocoa), broken into pieces

Granulated sugar

Churros

1 cup plus 1 tablespoon (250 ml) water

1 teaspoon salt

1 tablespoon (15 ml) olive oil

1 cup (120 g) all-purpose flour, loosely packed, sifted

1 egg white (optional)

2½ to 3 cups (590 to 705 ml) olive oil, for frying

¾ cup (100 g) confectioners' sugar

Serves 4, or 12 to 24 pieces, depending on size

Chocolaterias, the public establishments in sixteenth-century Mexico where tchocolatl was drunk, are still very popular in Spain today. Churros, wheat-dough fritters, are the best creation to be dipped into thick hot chocolate. Talk about modern fusion food! This is a great example of a lasting combination of ingredients from both worlds, as sugar arrived in Spain with the Arabs. When vanilla and chocolate met with wheat, olive oil, and sugar, a sweet revolution was started!

To make the chocolate: Pour the milk into a pan, bring to a boil over medium-high heat, add the chocolate, stir for 1 to 2 minutes, and remove from the heat. Keep stirring so the chocolate will dissolve. Add granulated sugar to taste.

To make the churros: Place the water, salt, and olive oil in a pan and bring to a boil. Add the flour and stir until the dough comes away from the sides of the pan. Cool for a few minutes.

Add the egg white and mix with a whisk until all is blended and you obtain a soft, but consistent, dough. (Egg white is not necessary but it is a little trick to make things easier.) Place the dough in a piping bag with a ridged star tip or better, in a churrera (a churro pipe).

Heat the olive oil in a deep pot to 350ºF (180ºC). Pipe pieces of dough over the hot oil and fry for 50 seconds to 1 minute or until they are golden on both sides. Drain on paper towels. Depending on the length and shape of your churros you can obtain from 12 to 24 pieces.

Sprinkle with confectioners' sugar and serve with the hot chocolate. Do not forget to have the sugar bowl on the side to dip the churros in.

Note: You may need to slightly alter the amount of liquid you use because flours vary from one brand to another. Be careful when frying churros, because they can explode for several reasons: if the dough is too wet, if it has air bubbles, or if the oil temperature is not hot enough.

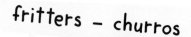

fritters – churros

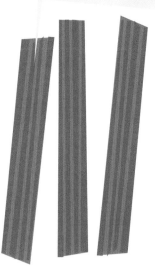

Chocolate con churros

Chocolate

2 tazas (470 ml) de leche

7 onzas (200 gr) de chocolate negro
(70% de cacao), en trozos

Azúcar

Churros

1 taza más 1 cucharada (250 ml)
de agua

1 cucharadita de sal

1 cucharada (15 ml) de aceite de oliva

1 taza (120 gr) de harina normal, cernida

1 clara de huevo (facultativo)

2½ a 3 tazas (590 a 705 ml) de aceite
de oliva para freír

¾ de taza (100 gr) de azúcar glass

Para 4 personas o de 12 a 24 piezas según el tamaño

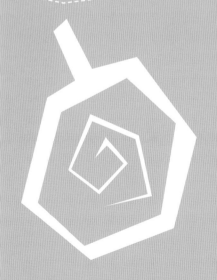

Las 'chocolaterias' establecimientos públicos en el Méjico del siglo 16 donde se bebía 'tchocolatl', mantienen su popularidad en España hoy día. Los 'churros', fritos de masa de harina de trigo, son el mejor invento para mojar en chocolate espeso y caliente. Hablando de la moderna 'cocina fusión' este es un gran ejemplo de la pervivencia de la mezcla de ingredientes de ambos mundos pues el azúcar llegó a España con los Árabes. Cuando la vainilla y el chocolate se unieron al trigo, al aceite de oliva y al azúcar ¡una revolución dulce empezó!

Para preparar el chocolate: Vierte la leche en un cazo y pon a hervir a fuego medio alto, añade el chocolate y remueve 1 ó 2 minutos y apaga el fuego. Sigue removiendo hasta que el chocolate esté bien deshecho. Añade azúcar al gusto.

Para preparar los churros: Pon el agua, la sal y la cucharada de aceite en un cazo y lleva a ebullición. Añade la harina y bate con energía hasta que quede bien mezclada y se despegue de los lados del cazo. Enfría unos minutos.

Añade la clara de huevo, incorporándola bien con una varilla, hasta que obtengas una masa blanda pero consistente. (La clara de huevo no es necesaria, es un pequeño truco que facilita el trabajo). Rellena una manga pastelera con boquilla estrellada o mejor, una 'churrera'.

Pon el aceite a calentar en un cazo profundo a 350ºF (180ºC). Fríe porciones de masa en el aceite caliente de 50 segundos a un minuto, hasta cuando se doren por ambos lados. Escúrrelos en papel absorbente. Dependiendo del tamaño y forma de los churros, podrás obtener entre 12 y 24 churros.

Espolvorea con azúcar glass y sirve con el chocolate caliente. No olvidéis el azucarero para untar los churros.

Nota: Puede que necesites alterar la proporción de harina y agua de la masa pues las harinas varían mucho de una marca a otra. Ten cuidado al freír los churros, pueden explotar en la sartén por varios motivos: si la masa está demasiado líquida, si tienen burbujas de aire o si la temperatura del aceite no está lo suficientemente caliente.

Baked Apples with Custard

4 apples, Reineta variety or any other tart cooking apple

4 cinnamon sticks

1 tablespoon (15 ml) lemon juice

1 tablespoon (15 g) brown sugar

1 tablespoon (14 g) butter or (15 ml) extra-virgin olive oil

2½ cups (590 ml) milk, divided

1 vanilla pod or vanilla extract

½ lemon peel

4 tablespoons (50 g) granulated sugar

½ tablespoon (4 g) cornstarch

2 whole organic eggs

Serves 4

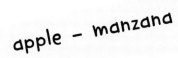

apple – manzana

Both cinnamon and vanilla are very important spices in our desserts. Apple and cinnamon are a classic, especially when it comes to helping an upset stomach. Vanilla bean seeds give custard a special quality. Leftover beans are washed, dried, and kept in sugar to flavor it. If beans are not available, use vanilla extract.

Preheat the oven to 350ºF (180ºC, or gas mark 4).

Wash and core the apples. Put the apples on a baking tray. Place a cinnamon stick inside each apple. Evenly distribute the lemon juice, brown sugar, and butter inside the apples. Bake for 20 to 30 minutes. Baking time depends on the size of the apples and your personal taste. There should be a little juice left at the bottom of the baking tray. Substitute sugar for honey or jam if you prefer.

To make the custard: Set aside ¼ cup (60 ml) of the milk. Put the remaining 2¼ cups (530 ml) milk in a saucepan. Slice the vanilla bean in half lengthwise, scrape the vanilla beans into the milk, and leave the bean in the saucepan. Add the lemon peel and granulated sugar. Bring to a boil, turn the heat off, cover the pan, and infuse for 15 minutes.

In a bowl, dissolve the cornstarch in the reserved milk, add the eggs, and mix well. Carefully add the flavored milk to the egg mixture, stirring constantly. Return the eggs and milk to the saucepan, place over medium-low heat, and keep stirring in the same direction for 12 to 13 minutes. It must not boil.

When the cream thickens, turn the heat off and keep stirring. Strain the cream into a bowl and place in another bowl filled with ice water, stirring occasionally so as not to form a skin. Serve in a sauceboat with the baked apples.

Note: The custard requires patience and care, but the result is highly rewarding.

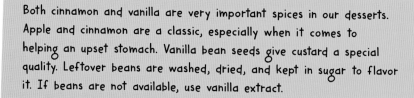

Manzanas asadas con natillas

4 manzanas de la variedad Reineta u otra manzana para cocinar tartas

4 palos de canela

1 cucharada (15 ml) de zumo de limón

1 cucharada (15 gr) de azúcar morena

1 cucharada (14 gr) de mantequilla o (15 ml) aceite de oliva virgen extra

2½ tazas (590 ml) de leche

1 vaina de vainilla (o esencia de vainilla)

La piel de ½ limón

4 cucharadas (50 gr) de azúcar

½ cucharada (4 gr) de maicena

2 huevos ecológicos enteros

Para 4 personas

Tanto la canela como la vainilla son dos especias muy importantes en nuestra repostería. La manzana y la canela son un clásico nuestro a la hora de restablecer un estómago en mal estado. Las vainas de vainilla le dan a las natillas una calidad especial. El resto de las vainas se lavan, se secan y se guardan con el azúcar para aromatizarla. Si no es posible conseguir vainilla en vaina, usa extracto de vainilla.

Precalentar el horno a 350º (F 180º C o gas 4).

Lava las manzanas, quítales el corazón y ponlas en una fuente de horno. Coloca un palo de canela en el interior de cada manzana. Distribuye el azúcar, el zumo de limón y la mantequilla o aceite dentro de cada manzana. Hornea durante unos 20 ó 30 minutos. El tiempo de horneado depende del tamaño de las manzanas y de tu gusto. Debe quedar un poco de salsa en el fondo de la fuente. Puedes sustituir el azúcar por miel o mermelada si lo prefieres.

Para hacer la crema: Reserva ¼ de taza (60 ml) de leche fría. Pon 2¼ de tazas (530 ml) de la leche restante en un cazo. Abre en dos la vaina en sentido longitudinal, pon las semillas en la leche y deja la vaina dentro. Añade la piel de limón y el azúcar. Lleva a ebullición, apaga el fuego, tapa y deja reposar 15 minutos.

En un bol, disuelve la maicena con el resto de la leche, añade los huevos y mezcla bien. Añade la leche con cuidado, removiendo sin parar. Pon los huevos y la leche en el cazo a fuego medio suave y sigue dando vueltas en la misma dirección durante 12 ó 13 minutos. No debe hervir.

Cuando espese la crema, apaga el fuego y sigue removiendo. Cuela la mezcla y enfría el bol de crema sobre agua helada sin dejar de remover de vez en cuando para que no forme una piel. Sirve en salsera, con las manzanas asadas.

Nota: Las natillas requieren un poco de cuidado y paciencia pero el resultado es muy gratificante.

Meringue Milk Ice Cream

4 cups (940 ml) whole milk

1 cinnamon stick

1 lemon peel (preferably organic)

1 cup (120 g) confectioners' sugar, divided

3 egg whites

A pinch of salt

Ground cinnamon, for garnish

Serves 6

This is a light, delicious, and easy way to make ice cream based on a traditional Spanish summer drink. You can eat it both ways: as an ice cream or as a granita or slushy. It has an addictive flavor and is also very refreshing.

Add the milk, cinnamon stick, and lemon peel to a medium-size pot and bring to a boil over medium-low heat so that the milk will not overflow. Cook for 2 to 3 minutes stirring constantly. Add ¾ cup (90 g) of the sugar and stir to dissolve. Let the milk infuse and cool with the spices in it. You will obtain an aromatic milk.

Strain the milk into a clean bowl and put in the freezer, stirring occasionally.

When the milk is almost frozen, beat the egg whites and salt in a bowl with an electric mixer, until fluffy. Add the remaining ¼ cup (30 g) sugar and beat for another 2 minutes to obtain a stiff meringue.

Add the meringue to the almost frozen milk and mix well. Keep in the freezer, stirring occasionally, until totally frozen.

Serve in a glass or cup and sprinkle with ground cinnamon on top. This dessert can be totally frozen or served like a slushy to drink with a straw.

Note: This dessert is delicious with fresh fruit salad, with the Santiago Almond Cake (page 72) and even with Torrijas (page 82). Here in Spain it is also served with coffee granita.

ice cream - helado

Helado de leche merengada

4 tazas (940 ml) de leche entera

1 palo de canela

La piel de un limón ecológico (solo la parte amarilla)

1 taza (120 gr) de azúcar glass, dividida

3 claras de huevo

1 pellizco de sal

Canela en polvo para adornar

Para 6 personas

Este es un helado ligero, delicioso y fácil de hacer basado en una bebida de verano tradicional. Puedes tomarlo como helado o como granizado. Tiene un sabor adictivo y es también muy refrescante.

Pon a hervir la leche con la canela y la piel del limón en una cacerola mediana y hierve a fuego medio-bajo para que no se salga la leche, unos 2 a 3 minutos removiendo constantemente. Añade ¾ de taza (90 gr) de azúcar, revuelve para disolver. Deja que la leche repose y se enfríe con las especias dentro. Obtendrás una leche muy aromática.

Cuela la leche y ponla en un bol limpio y pásala al congelador, moviendo de vez en cuando.

Cuando esté casi congelada, bata las claras a punto de nieve y la sal con una batidora de repostería o robot de cocina hasta que esté esponjoso. Añade ¼ de taza (30 gr) del azúcar restante y bate 2 minutos más hasta que obtengas un merengue duro.

Mezcla bien el merengue con la leche semi congelada. Mantén en el congelador, removiendo de vez en cuando hasta que esté totalmente congelado.

Sírvelo en vaso o en copa, espolvoreado con canela en polvo. Este postre se puede tomar como helado o como granizado con una pajita.

Nota: Está muy bueno con una ensalada de fruta fresca, con la Tarta de Santiago (página 73) y hasta con Torrijas (página 83). En España también lo tomamos con granizado de café.

Orange Confit

Orange Confit

4 organic oranges

1 organic lemon

1½ cups (355 ml) water

1 cup plus 1 tablespoon (212 g) sugar

Chocolate cream

½ cup (120 ml) water

1½ tablespoons (18 g) sugar

7 ounces (200 g) 70% cocoa dark chocolate, chopped

½ cup (120 ml) mild and sweet extra-virgin olive oil

4 generous slices sweet bread, brioche, or any bread you like

¼ teaspoon flaky sea salt

Serves 4

The "food of the gods," the cacahuaquahitl, or cocoa plant is shrouded in legend. Quetzalcoatl, the Feathered Snake, a major deity in ancient Mexico and the god of agriculture, medicine, astronomy, and fine arts, gave this plant to his beloved people as a present. The Aztecs used cocoa nibs as coinage, and this explains the popular saying "money grows on trees." When we were little and wanted money, our parents used to say, "Children, do you think money grows on trees?" It certainly did in Aztec times!

To make the orange confit: Peel the oranges and lemon with a tomato peeler or a sharp knife, using only the colored part. Slice thinly into julienne strips. Peel the oranges until no white is left. Set aside. Cut the lemon in half and squeeze the juice from one of the halves. Set aside.

In a pot, blanch the strips in boiling water for 2 minutes and then discard the water.

Add the 1½ cups (355 ml) clean water and the sugar to the pot and bring to a boil. Simmer gently, uncovered, for 20 minutes. Add the lemon juice, cook for 1 minute longer. Set aside.

To make the chocolate cream: Put the water and sugar in a small pan and bring to a boil; when the sugar has dissolved, add the chocolate. Remove from the heat and stir until the chocolate has melted.

Add the olive oil little by little, in a thin stream, always stirring in the same direction until all is well combined. You will obtain a shiny chocolate cream.

Toast the bread and cover generously with the chocolate cream and 1 or 2 salt flakes. Place an orange on the side and drizzle with the candied peel and syrup. The bread will soak up some of the syrup. It's delicious!

Serve the remaining chocolate cream in a bowl to be passed around.

Note: Chocolate cream hardens when cool. You may thin it with a little hot water or milk.

orange – naranja

Naranjas confitadas

Naranjas confitadas

4 naranjas ecológicas

1 limón ecológico

1½ taza (355 ml) de agua

1 taza + 1 cucharada (212 gr) de azúcar

Crema de chocolate

½ taza (120 ml) de agua

1½ cucharada (18 gr) de azúcar

7 onzas (200 gr) de chocolate negro al 70% y troceado

½ taza (120 ml) de aceite de oliva virgen extra, dulce y suave

4 rebanadas generosas de pan dulce o brioche o cualquier pan que desees

¼ de cucharadita de escamas de sal

Para 4 personas

'Comida de los dioses' el 'cacahuaquahitl' o planta del cacao está sumida en la leyenda. Quetzalcoatl, la Serpiente emplumada, importante deidad del antiguo Méjico, dios de la agricultura, medicina, astronomía y bellas artes, otorgó esta planta a su querido pueblo como regalo. Los aztecas también utilizaban las habas de cacao como moneda de cambio. Esto explica el dicho popular 'el dinero crece en los árboles'. Cuando éramos pequeños y pedíamos.

Para preparar las naranjas confitadas: Pela las naranjas y el limón con un pelador de tomates o un cuchillo muy afilado. Solo la parte coloreada. Corta en juliana muy fina. Reserva. Corta el limón en dos y exprime el zumo de cada mitad. Reserva.

En una cacerola, blanquea las tiras en agua hirviendo por 2 minutos y tira el ague.

Añade 1½ taza (355 ml) de agua limpia y el azúcar a la cacerola y lleva a ebullición. Cuando empiece a hervir, cocina por 20 minutos a fuego suave sin tapar. Añade el zumo de limón y cuece 1 minuto más. Reserva.

Para preparar la crema de chocolate: Pon el agua y el azúcar en un cazo pequeño y lleva a ebullición. Cuando el azúcar se haya disuelto, añade el chocolate. Retira del fuego y remueve hasta se haya derretido.

Añade el aceite de oliva en chorrito fino poco a poco, siempre removiendo para el mismo lado hasta que todo quede mezclado. Obtendrás una crema de chocolate brillante.

Tuesta el pan y cúbrelo generosamente con crema de chocolate y 1 ó 2 escamas de sal encima. Coloca una naranja al lado y riega ésta con el almíbar y la juliana confitada. El pan se empapa con el almíbar y quedará delicioso.

Sirve el resto del chocolate en un bol para pasarlo.

Nota: La crema de chocolate se endurece al enfriar. Lo puedes aligerar con agua caliente o leche.

Torrijas

eight to ten ½-inch or (1.5 cm) thick slices day-old bread

2 to 2½ cups (470 to 590 ml) milk

1 cinnamon stick

Lemon peel

1½ tablespoons (18 g) sugar, plus more for sprinkling

Extra-virgin olive oil, for frying

3 eggs

Ground cinnamon, for serving

For the honey sauce:

¾ cup (180 ml) water

½ cup (160 g) honey

Serves 4

Torrijas, an Easter Lent dessert, is loved all over Europe and in America is known as French toast. But nowhere has it reached the fame it enjoys in Spain. It is no longer just served during the Easter season and now appears all year-round on top restaurant menus. At home we only cook them in season, and keep them in the fridge for people to help themselves. Accompany with berries, ice cream, custard, or whipped cream. Even bakeries make a special bread just for torrijas.

Place the bread in a deep baking pan that fits all.

In a saucepan, boil the milk with the cinnamon stick, lemon peel, and sugar for 2 to 3 minutes. Lower the heat so the milk will not overflow. Discard the cinnamon and lemon peel and carefully pour the milk over the bread into the pan.

Let soak for 20 minutes or more. The bread must go soft and absorb all the milk. It helps to soak the bread edges first in the very hot milk.

Put the olive oil in a pan and heat. Meanwhile, beat the eggs in a bowl with a mixer for 1 minute. Dip the bread slices into the egg and fry in the very hot olive oil until golden on both sides. Fry all of the bread, drain on paper towels, and transfer to a large platter that can fit all. Sprinkle with a mix of sugar and ground cinnamon.

To make the honey sauce: Bring the water to a boil in a small pan, add the honey, and stir to dissolve. Carefully pour the honey sauce over the torrijas and keep in the fridge; they will keep for 3 to 4 days, if you are lucky. Normally, they tend to disappear very quickly!

Note: We like torrijas with a honey sauce. They can also be soaked in sweet wine, fruit juice, or seasoned light syrup. Eat anytime or as a dessert. To give them a different shape, carmelize the top part of the torrija with the sugar and a kitchen blowtorch, then place a scoop of ice cream on top.

lemon – limón

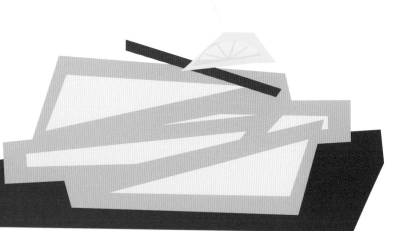

Torrijas

8 a 10 rebanadas gorditas (½ pulgada o 1.5 cm) de pan del día anterior

2 a 2½ tazas (470 a 590 ml) de leche

1 palo de canela

La piel de un limón

1½ cucharadas (18 gr) de azúcar, y un poco más para espolvorear

Aceite de oliva virgen extra para freír

3 huevos

Canela en polvo para adornar

Para la salsa de miel:

¾ de taza (180 ml) de agua

½ taza (160 gr) de miel

Para 4 personas

Las torrijas son un postre de Semana Santa y Cuaresma, muy conocido en toda Europa, incluso en América donde se le llama tostada francesa. Pero en ningún lado ha alcanzado la fama de que goza aquí. Este postre ha sobrepasado su temporada y se encuentra ya todo el año en los menús de famosos restaurantes. En casa solo las hacemos en su época y dejamos una buena cantidad en la nevera para que cada uno las tome. Acompáñalas con frutos rojos, helado, natillas o nata montada. Incluso las panaderías hacen un pan especial para torrijas.

Pon el pan en una fuente donde quepan todos los trozos de pan.

Hierve en una cacerola, la leche con el palo de canela, la piel del limón y el azúcar 2 ó 3 minutos. Baja el fuego para que no se salga la leche. Retira la canela y la piel de limón y vierte con cuidado la leche sobre la fuente con el pan.

Deja en remojo unos 20 minutos o más. El pan debe ablandarse y absorber la leche. Ayuda remojar los bordes primero con la leche bien caliente.

Calienta el aceite de oliva en una sartén. Mientras tanto, bata los huevos en un bol con una batidora durante 1 minuto. Pasa el pan remojado por el huevo y fríe en aceite muy caliente hasta que se doren ambos lados. Fríe todas las rebanadas de pan, y escúrrelas en papel de cocina y ponlas en una fuente donde quepan todas. Espolvoréalas con una mezcla de azúcar y canela.

Para preparar la salsa de miel: En una cacerola pequeña, pon a hervir el agua, añade la miel y revuelve hasta disolver. Cuidadosamente vierte la salsa de miel sobre las torrijas y guárdalas en la nevera. Se pueden guardar de 3 a 4 días si tienes suerte pues normalmente ¡desaparecen volando!

Nota: Nosotros preferimos las torrijas con salsa de miel. También se pueden remojar en vino dulce zumo de fruta o en un almíbar ligero especiado. Cómelas a cualquier hora o como postre. Para darles una forma diferente, carameliza la parte superior de la torrija con azúcar y un soplete, y coloca una bola de helado encima.

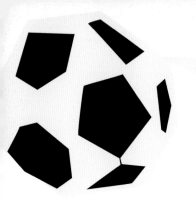

Menus

Stewed Lentils
Stuffed Eggs
Meringue Milk Ice Cream

Vegetables Cocas
Homemade Meatballs
Baked Apples with Custard

Grilled Green Asparagus
Shrimp Fideuá
Orange Confit

Shrimp in Garlic Sauce
Vegetable Stew
Potato Omelet
Baked Apples with Custard

Roasted Vegetables
Country Potato Salad
Pickled Tuna Fish
Torrijas

Gazpacho
Valencian Paella
Santiago Almond Cake with
   Fresh Fruit

Country Potato Salad
Stewed Round of Veal
Orange Confit

Stuffed Eggs
Cheese-Stuffed Piquillo Peppers
Meringue Milk Ice Cream with
   Fresh Fruit

Vegetable Medley
Chicken Saffron Almond Stew
Meringue Milk Ice Cream with
   Fresh Fruit

Potatoes Rioja Style
Hake in Green Sauce
Torrijas

Salad My Way
Iberian Pork Fillet
Orange Confit

Mushrooms with Garlic Parsley
   Sauce in the Style of la Rioja
Hake in Green Sauce
Santiago Almond Cake with
   Meringue Milk Ice Cream

Bread with Olive Oil, Tomato,
   and Iberian Ham
Grilled Green Asparagus
Potato Omelet
Baked Apples with Custard

Vegetable Medley
Hake in Green Sauce
Torrijas

Watermelon Gazpacho
Country Potato Salad
Stuffed Eggs
Santiago Almond Cake with
   Lemon Curd and Berries

Vegetable Cocas
Chicken with Olives and Capers
Baked Apples with Custard

Vegetable Stew
Homemade Meatballs
Torrijas

Grilled Green Asparagus
Salad my Way with Pickled Tuna Fish
Santiago Almond Cake

Tapas menu:
Bread Olive Oil, Tomato, and
   Iberian Ham
Mushrooms with Garlic Parsley
   Sauce in the Style of la Rioja
Potato Omelet
Salad My Way
Roasted Vegetables on Toast
Pickled Tuna Fish
Iberian Pork Fillet on Toast
Chocolate and Churros (Fritters)

Outdoor menu:
Stuffed Eggs
Mushrooms with Garlic Parsley
   Sauce in the Style of la Rioja
Grilled Green Asparagus
Potatoes Rioja Style
Santiago Almond Cake and
   Ice Cream

Pickled Tuna Fish on Toast
Roasted Vegetable Salad
Valencian Paella
Orange Confit

Menús

Lentejas estofadas
Huevos rellenos
Helado de leche merengada

Cocas de verduras
Albóndigas caseras
Manzanas asadas con natillas

Espárragos verdes a la plancha
Fideuá de gambas
Naranjas confitadas

Gambas al ajillo para tu barbacoa
Alboronía
Tortilla de patatas
Manzanas asadas con natillas

Tosta de verduras asadas
Ensalada campera
Bonito en escabeche
Torrijas

Gazpacho
Paella valenciana
Tarta de Santiago con fruta fresca

Ensalada campera
Redondo de ternera estofado
Naranjas confitadas

Huevos rellenos
Pimientos del piquillo rellenos
  de queso
Helado de leche merengada con
  fruta fresca

Menestra
Pollo en pepitoria (guisado con salsa
  de azafrán y almendras)
Helado de leche merengada con
  fruta fresca

Patatas a la riojana
Merluza en salsa verde
Torrijas

Ensaladilla a mi manera
Solomillos de cerdo ibérico
Naranjas confitadas

Champiñones con salsa de ajo y
  perejil al estilo de la Rioja
Merluza en salsa verde
Tarta de Santiago con helado de
  leche merengada

Pan con aceite de oliva, tomate, y
  jamón ibérico
Espárragos verdes a la plancha
Tortilla de patatas
Manzanas asadas con natillas

Menestra
Merluza en salsa verde
Torrijas

Gazpacho de sandía
Ensalada campera
Huevos rellenos
Tarta de Santiago con cuajada de
  limón y bayas

Cocas de verduras
Pollo con aceitunas y alcaparras
Manzanas asadas con natillas

Alboronía
Albóndigas caseras
Torrijas

Espárragos verdes a la plancha
Ensaladilla a mi manera con bonito
  en escabeche
Tarta de Santiago

Menú de tapas:
Pan con aceite de oliva, tomate, y
  jamón ibérico
Champiñones con salsa de ajo y
  perejil al estilo de la Rioja
Tortilla de patatas
Ensaladilla a mi manera
Tosta de verduras asadas
Bonito en escabeche
Solomillos de cerdo ibérico sobre
  una tostada
Chocolate con churros

Menú al aire libre:
Huevos rellenos
Champiñones con salsa de ajo y
  perejil al estilo de la Rioja
Espárragos verdes a la plancha
Patatas a la riojana
Tarta de Santiago con helado

Bonito en escabeche sobre una
  tostada
Ensalada de verduras asadas
Paella valenciana
Naranjas confitadas

A

almonds
  Cheese-Stuffed Piquillo
    Peppers, 68
  Chicken in Pepitoria, 50
  Grilled Green Asparagus with
    Orange Mayonnaise, 26
anchovies
  Chicken with Olives and
    Capers, 48
  Roasted Vegetables on Toast, 30
  Salad My Way, 28
apples. *See* Baked Apples with
  Custard, 76
artichokes
  Valencian Paella, 38
  Vegetable Medley, 66
asparagus
  Grilled Green Asparagus with
    Orange Mayonnaise, 26
  Salad My Way, 28
  Vegetable Medley, 66
avocados. *See* Monkfish and
  Shrimp Salad, 24

B

bell peppers
  Cold Vegetable Soup, 64
  Country Potato Salad, 62
  Monkfish and Shrimp Salad, 24
  Potatoes Rioja Style, 58
  Roasted Vegetables on Toast, 30
  Shrimp Fideuá or Pasta Paella,
    40
  Stewed Round of Veal, 44
  Valencian Paella, 38
  Vegetable Stew, 60
bread
  Bread with Olive Oil, Tomato,
    and Iberian Ham, 14
  Cold Vegetable Soup, 64
  Homemade Meatballs, 42
  Mushrooms with Garlic Parsley
    Sauce in the Style of La Rioja,
    18
  Orange Confit, 80
  Roasted Vegetables on Toast, 30
  Torrijas, 82
brussels sprouts. *See* Stewed
  Round of Veal, 44

C

carrots
  Homemade Meatballs, 42
  Salad My Way, 28
  Stewed Lentils, 56
  Stewed Round of Veal, 44
  Vegetable Medley, 66

cauliflower
  Stewed Round of Veal, 44
  Vegetable Medley, 66
cecina. *See* Roasted Vegetables
  on Toast, 30
celery
  Stewed Lentils, 56
  Stewed Round of Veal, 44
chicken
  Chicken in Pepitoria, 50
  Chicken with Olives and
    Capers, 48
  Valencian Paella, 38
chile peppers. *See* Barbecued
  Shrimp in Garlic Sauce, 32
chocolate
  Chocolate and Churros
    (Fritters), 74
  Orange Confit, 80
chorizo sausages
  Potatoes Rioja Style, 58
  Stewed Lentils, 56
cucumber
  Cold Vegetable Soup, 64
  Monkfish and Shrimp Salad, 24

E

eggplants
  Roasted Vegetables on Toast, 30
  Vegetable Stew, 60
eggs
  Basic Potato Omelet, 16
  Stuffed Eggs, 22

F

fideuá pasta. *See* Shrimp Fideuá
  or Pasta Paella, 40

G

goat cheese. *See* Roasted
  Vegetables on Toast, 30
green beans
  Salad My Way, 28
  Valencian Paella, 38
  Vegetable Medley, 66

H

hake. *See* Hake in a Green
  Sauce, 52
ham
  Bread with Olive Oil, Tomato,
    and Iberian Ham, 14
  Stewed Lentils, 56
  Vegetable Medley, 66

I

Italian peppers. *See* Monkfish
  and Shrimp Salad, 24

L

leeks. *See* Stewed Lentils, 56
lentils. *See* Stewed Lentils, 56

M

Manchego cheese
  Cheese-Stuffed Piquillo
    Peppers, 68
  Grilled Green Asparagus with
    Orange Mayonnaise, 26
mangos. *See* Monkfish and
  Shrimp Salad, 24
monkfish. *See* Monkfish and
  Shrimp Salad, 24
mushrooms
  Mushrooms with Garlic Parsley
    Sauce in the Style of La Rioja,
    18
  Stewed Round of Veal, 44

O

olives
  Chicken with Olives and
    Capers, 48
  Roasted Vegetables on Toast, 30
  Stuffed Eggs, 22
oranges
  Chicken with Olives and
    Capers, 48
  Grilled Green Asparagus with
    Orange Mayonnaise, 26
  Orange Confit, 80
  Santiago Almond Cake, 72

P

parsnips. *See* Stewed Round of
  Veal, 44
peas
  Salad My Way, 28
  Shrimp Fideuá or Pasta Paella,
    40
  Stewed Round of Veal, 44
  Vegetable Medley, 66
Pickled Tuna Fish
  recipe, 20
  Roasted Vegetables on Toast, 30
  Stuffed Eggs, 22
Piquillo peppers. *See* Cheese-
  Stuffed Piquillo Peppers, 68
pork fillets. *See* Iberian Pork
  Fillet, 46
potatoes
  Basic Potato Omelet, 16
  Country Potato Salad, 62
  Hake in a Green Sauce, 52
  Potatoes Rioja Style, 58
  Salad My Way, 28
  Stewed Round of Veal, 44
prawns. *See* Monkfish and
  Shrimp Salad, 24
pumpkin. *See* Vegetable Stew, 60

R

rabbit. *See* Valencian Paella, 38
rice. *See* Valencian Paella, 38

S

scallions. *See* Country Potato
  Salad, 62
shrimp
  Barbecued Shrimp in Garlic
    Sauce, 32
  Monkfish and Shrimp Salad, 24
  Mushrooms with Garlic Parsley
    Sauce in the Style of La Rioja,
    18
  Shrimp Fideuá or Pasta Paella,
    40
  Stuffed Eggs, 22
snails. *See* Valencian Paella, 38
spinach. *See* Vegetable Cocas, 34
Swiss chard
  Vegetable Cocas, 34
  Vegetable Medley, 66

T

tomatoes
  Bread with Olive Oil, Tomato,
    and Iberian Ham, 14
  Cheese-Stuffed Piquillo
    Peppers, 68
  Cold Vegetable Soup, 64
  Country Potato Salad, 62
  Roasted Vegetables on Toast, 30
  Shrimp Fideuá or Pasta Paella,
    40
  Stewed Lentils, 56
  Valencian Paella, 38
  Vegetable Stew, 60
tuna
  Monkfish and Shrimp Salad, 24
  Pickled Tuna Fish, 20
  Roasted Vegetables on Toast, 30
  Stuffed Eggs, 22
turnips. *See* Stewed Lentils, 56

V

veal
  Homemade Meatballs, 42
  Stewed Round of Veal, 44

W

wine
  Chicken in Pepitoria, 50
  Chicken with Olives and
    Capers, 48
  Hake in a Green Sauce, 52
  Homemade Meatballs, 42
  Iberian Pork Fillet, 46
  Pickled Tuna Fish, 20
  Stewed Round of Veal, 44

Z

zucchini. *See* Vegetable Stew, 60

eitunas
 Huevos rellenos, 23
 Pollo con aceitunas y
 alcaparras, 49
 Tosta de verdura asada, 31
elgas
 Coca de verduras, 35
 Menestra, 67
 achofas
 Alboronía, 61
 Paella valenciana, 39
 nendras
 Espárragos verdes a la parrilla
 con mayonesa de naranja, 27
 Pimientos del piquillo rellenos
 de queso, 69
 Pollo en pepitoria, 51
 choas
 Ensalada a mi manera, 29
 Pollo con aceitunas y
 alcaparras, 49
 Tosta de verdura asada, 31
 io
 Lentejas estofadas, 57
 Redondo de ternera estofado, 45
 oz. *Ver* Paella valenciana, 39
 ún/bonito
 Bonito en escabeche, 21
 Huevos rellenos, 23
 Salpicón de rape y gambas, 25
 Tosta de verdura asada, 31
 ocados. *Ver* Salpicón de rape y
 ambas, 25

 renjena
 Alboronía, 61
 Tosta de verduras asadas, 31
 nito en escabeche, 21
 Huevos rellenos, 23
 Tosta de verdura asada, 31

 labacín. *Ver* Alboronía, 61
 labaza. *Ver* Alboronía, 61
 racoles. *Ver* Paella valenciana,
 9
 bolletas. *Ver* Ensalada
 ampera, 63
 cina. *Ver* Tosta de verdura
 sada, 31
 ampiñones
 Champiñones con salsa de ajo y
 perejil al estilo de La Rioja, 19
 Redondo de ternera estofado, 45
 irivías. *Ver* Redondo de ternera
 stofado, 45

chocolate
 Chocolate con churros, 75
 Naranjas confitadas, 81
chorizo
 Lentejas estofadas, 57
 Patatas a la riojana, 59
coles de Bruselas. *Ver* Redondo
 de ternera estofado, 45
coliflor
 Menestra, 67
 Redondo de ternera estofado, 45
conejo. *Ver* Paella valenciana, 39

E
espárragos
 Alboronía, 61
 Ensalada a mi manera, 29
 Espárragos verdes a la parrilla
 con mayonesa de naranja, 27
espinacas. *Ver* Coca de verduras,
 35

F
fideuá. *Ver* Fideuá de gambas, 41

G
gambas
 Champiñones con salsa de ajo y
 perejil al estilo de La Rioja, 19
 Fideuá de gambas, 41
 Gambas al ajillo para barbacoa,
 33
 Huevos rellenos, 23
 Salpicón de rape y gambas, 25
guindilla. *Ver* Gambas al ajillo
 para barbacoa, 33
guisantes
 Ensalada a mi manera, 29
 Fideuá de gambas, 41
 Menestra, 67
 Redondo de ternera estofado, 45

H
huevos
 Huevos rellenos, 23
 Tortilla de patatas, 17

J
judías verdes
 Ensalada a mi manera, 29
 Menestra, 67
 Paella valenciana, 39

L
langostinos. *Ver* Salpicón de rape
 y gambas, 25
lentejas. *Ver* Lentejas estofadas, 57

M
mangos. *Ver* Salpicón de rape y
 gambas, 25

manzana. *Ver* Manzana asada
 con natillas, 77
merluza. *Ver* Merluza en salsa
 verde, 53

N
Nabos. *Ver* Lentejas estofadas, 57
naranjas
 Espárragos verdes a la plancha
 con mayonesa de naranja, 27
 Naranjas confitadas, 81
 Pollo con aceitunas y
 alcaparras, 49
 Tarta de Santiago, 73

J
jamón
 Lentejas estofadas, 57
 Menestra, 67
 Pan con aceite de oliva, tomate
 y jamón ibérico, 15

P
patatas
 Ensalada a mi manera, 29
 Ensalda campera, 63
 Merluza en salsa verde, 53
 Patatas a la riojana, 59
 Redondo de ternera estofado, 45
 Tortilla de patatas, 17
pan
 Albóndigas caseras, 43
 Champiñones con salsa de ajo y
 perejil al estilo de La Rioja, 19
 Gazpacho, 65
 Naranjas confitadas, 81
 Pan con aceite de oliva, tomate
 y jamón ibérico, 15
 Torrijas, 83
 Tosta de verdura asada, 31
pepino
 Gazpacho, 65
 Salpicón de rape y gambas, 25
Pimiento verde. *Ver* Salpicón de
 rape y gambas, 25
pimientos
 Alboronía, 61
 Ensalada campera, 63
 Fideuá de gambas, 41
 Gazpacho, 65
 Paella valenciana, 39
 Patatas a la riojana, 59
 Redondo de ternera estofado, 45
 Salpicón de rape y gambas, 25
 Tosta de verdura asada, 31
Pimientos del piquillo. *Ver*
 Pimientos del piquillo rellenos
 de queso, 69

pollo
 Paella valenciana, 39
 Pollo con aceitunas y
 alcaparras, 49
 Pollo en pepitoria, 51
puerro. *Ver* Lentejas estofadas, 57

Q
queso de cabra. *Ver* Tosta de
 verdura asada, 31
queso manchego
 Pimientos del piquillo rellenos
 de queso, 69
 Espárragos verdes a la plancha
 con mayonesa de naranja, 27

R
rape. *Ver* Salpicón de rape y
 gambas, 25

S
solomillo de cerdo. *Ver*
 Solomillos de cerdo ibérico, 47

T
ternera
 Albóndigas caseras, 43
 Redondo de ternera estofado, 45
tomates
 Alboronía, 61
 Ensalada campera, 63
 Fideuá de gambas, 41
 Gazpacho, 65
 Lentejas estofadas, 57
 Paella valenciana, 39
 Pan con aceite de oliva, tomate
 y jamón ibérico, 15
 Pimientos del piquillo rellenos
 de queso, 69
 Tosta de verdura asada, 31

V
vino
 Albóndigas caseras, 43
 Bonito en escabeche, 21
 Merluza en salsa verde, 53
 Pollo con aceitunas y
 alcaparras, 49
 Pollo en pepitoria, 51
 Redondo de ternera estofado, 45
 Solomillos de cerdo ibérico, 47

Z
zanahorias
 Albóndigas caseras, 43
 Ensalada a mi manera, 29
 Lentejas estofadas, 57
 Menestra, 67
 Redondo de ternera estofado, 45

Notes

Notas

Notes

_____

_____

_____

_____

_____

_____

_____

_____

_____

_____

_____

_____

_____

_____

_____

_____

Acknowledgments

Thanks to my parents,
Clara María and Lino, and
to my grandmother, Primi
for a wonderful gastronomic
education, a limitless generosity,
and so many important teachings.
Thanks to the light my brother
left. Thanks to my sisters, nieces,
and nephews that we may keep
enjoying ourselves round a table!

Thanks to my students and clients of all
these years for their interest, enthusiasm
and appreciation!

Agradecimientos

Gracias a mis padres Clara María
y Lino, a mi abuela Primi por una
maravillosa educación gastronómica,
una generosidad sin límites y tantas
importantes enseñanzas. Gracias a la
luz que me dejó mi hermano. Gracias
a las hermanas sobrinas y sobrinos, ¡Y
que sigamos disfrutando en torno a la
mesa!

¡Gracias a mis alumnos y clientes
de estos años por su interés,
entusiasmo y apreciación!

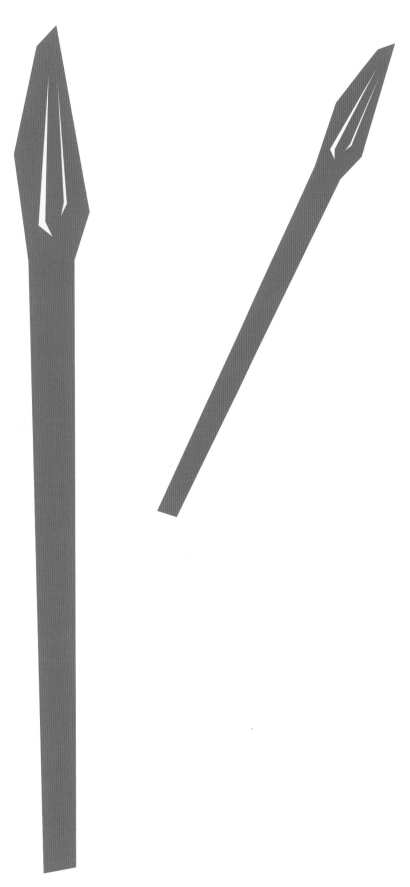

About the Author

Chef, teacher, caterer, author, and food promoter for the past fifteen years, Gabriella Llamas has run her own business, La Huerta del Emperador (the Emperor's Orchard), which is devoted to artisanal, traditional Spanish food, made with the best ingredients. With individual cooking classes, cooking parties, olive oil and wine tastings, and food tours, she shares the secrets of timeless, traditional Spanish cuisine with clients and friends alike. She feels very fortunate to learn so much from them.

Sobre el Autor

Cocinera, profesora, escritora, promotora gastronómica, desde hace 15 años dirijo mi empresa La Huerta del Emperador, dedicada a la cocina artesanal y tradicional española, hecha con nuestros mejores ingredientes. Clases de cocina a la medida, cooking parties, catas de aceite de oliva y vino, tours gastronómicos…Comparto los secretos de nuestra cocina de toda la vida con clientes y amigos y me siento muy afortunada de aprender tanto de ellos.

Que aproveche !

delicious — delicioso